北京非遗传承丛书

民间文学

曹保明◎主编
马　然◎编著

北京出版集团
北京出版社

图书在版编目（CIP）数据

民间文学 / 马然编著. — 北京 ：北京出版社，2022.7
（北京非遗传承丛书 / 曹保明主编）
ISBN 978-7-200-17026-9

Ⅰ. ①民… Ⅱ. ①马… Ⅲ. ①民间文学—介绍—北京 Ⅳ. ①I207.7

中国版本图书馆CIP数据核字(2022)第029436号

北京非遗传承丛书
民间文学
MINJIAN WENXUE

曹保明　主编　马然　编著

*

北京出版集团　出版
北京出版社
（北京北三环中路6号）
邮政编码：100120

网　址：www.bph.com.cn
北京出版集团总发行
新华书店经销
河北宝昌佳彩印刷有限公司印刷

*

880毫米×1230毫米　32开本　4印张　90千字
2022年7月第1版　2022年7月第1次印刷

ISBN 978-7-200-17026-9
定价：39.80元
如有印装质量问题，由本社负责调换
质量监督电话：010-58572393

序言

生活中，我们无时无刻不在寻找美好的存在。那么，什么才是美好的存在呢？翻开“北京非遗传承丛书”，我觉得书中展现的这些珍贵的非物质文化遗产就是一种美好的存在。因为它们蕴含着千年古都的文化积淀，折射了中华民族最深层次的精神追求。

本丛书一共8册，分别介绍了民俗、民间文学、曲艺、传统舞蹈、传统体育、传统技艺、传统戏剧、传统美术等非物质文化遗产。民俗体现了历代活态的礼仪，演绎出百科全书般的丰富内涵，传递和继承着民族的信仰与精神观念。民间文学是民众生活中一种重要的口头文学传承、传播形式，北京作为口头艺术发源地之一，是一个历史悠久的文化宝库，蕴含了丰富的文化，其中的故事、传说、谚语、民谣、童谣等，陪伴着一代代人度过了无忧无虑的童年时光。曲艺与市井生活有着不解之缘，明清时期各地人将本地的精品带入京师，与繁多的艺术种类融汇在一起，形成了多彩的北京曲艺文化，如古老的相声、评书、大鼓等，后来又普及至全国。传统舞蹈是文化交流传播的硕果，委婉独韵的太平鼓、惊险刺激的高跷秧歌、强悍粗犷的武吵子等，使人感受到传统舞蹈无与伦比的艺术魅力。传统体育是北京生活中最活跃的浪花，体育文化彰显着北京无尽的智慧和力量，精彩纷呈。诞生于4000多年前的围棋、熏染了三国硝烟的象棋等，这些弥足珍贵的传统体育项目都拥有自己丰厚的历史文化。传统技艺是人们用眼睛去观看、用手去触摸、用身心去感受的综合文化，一块砖，一块石碑，一条胡同，是今人与古人情感共鸣的载体，这种多元的感悟在某一个瞬间就完成了。传统戏剧包括被称为国粹的京剧，被称为“百戏之祖”的昆曲，老少喜闻乐见的北京皮影戏，等等，这些传统戏剧丰富了北京人的文化生活，也是人们研究北京历史和文化的重要资料。传统美术不但是绚丽的画卷，更体现了创作的博大精深，具有独特的地域性，历代宫廷与市井美术在千年古都融合，与每一个生命息息相关，它是一种活态的生活之美。

北京非物质文化遗产体现了北京不同历史时期的文明演变，是中华民族的历史创造和文明成就。我们编写这套书，就是为了让人们了解这些文化遗产的起源、发展、特点及现状，聆听中华民族悠久的文化声音，体验中华民族的智慧，同时希望人们能够通过这套书加深对首都北京的了解，更加热爱我们的古都文化，并将这些宝贵的文化遗产继续保护和传承下去，让文化遗产“活”起来。

中国民间文艺家协会原副主席
中国文化遗产保护年度十大杰出人物
曹保明

目录

北京童谣

遗产历史：1000多年

入选情况：第二批国家级非物质文化遗产名录（2008年）

申报地区或单位：北京市宣武区（今西城区）

童谣是一种具有传统特色的民间文学形式，通常以口头语言代代相传。

我们每个人在小的时候，几乎都有童谣陪伴，那是妈妈、奶奶或外婆讲给我们的如同音乐般的摇篮曲。在这一首首摇篮曲中，有我们最美好的回忆。

北京有着3000多年的城市发展史，北京童谣是以北京市宣武区（今西城区）为中心的地区童谣。宣武区是北京建城的肇始之地，明清两代产生的宣南文化成为北京文化的重要组成部分。

北京童谣是以口头文字形式体现的老北京文化的一部分，在北京的大街小巷里吟唱。一首首童谣记录了每一历史时期的事件、民情、民意。

北京童谣没有乐谱，只有浓浓的京味儿。它们保存着老北京的市井民风，也记载了北京的历史、地理、人文的变迁，还包含了生活礼仪、时令节气、自然生物等。北京童谣的表现形式有多种：顶真格、串话、绕口令、谣谚格、摇篮曲、谜语格、连锁调、数数歌、问答歌、排比格等。

北京童谣充满童趣，又有北京幽默、大气的文化特征。

北京童谣的由来

北京童谣是由老人讲给孩子，一代代人口耳相传的，所以它们多是在儿童中广为传唱，而且带有浓厚的地方特色。它的形式简短、音节和谐、诙谐幽默，集群众性、音乐性、趣味性、现实性于一体。

北京童谣的内容有许多方面：

一是体现了老北京的风俗民情，如“小孩儿小孩儿你别馋，过了腊八就是年”“腊八粥喝几天，哩哩啦啦二十三；二十三，糖瓜粘；二十四，扫房日；二十五，冻豆腐；二十六，去买肉；二十七，宰公鸡；二十八，把面发；二十九，蒸馒头；三十儿晚上熬一宿；大年初一满街走”。

二是用孩童非常熟悉的人或物做引子，采取大量的夸张搞笑手法，如“金箍（勒）棒，烧热炕，爷爷打鼓奶奶唱，一唱唱到大天亮”“星期天的早晨白茫茫，捡破烂儿的老头排成

《北京童谣》

行。队长一指挥，冲进垃圾堆，鞋子袜子满天飞”。

还有一类童谣内含讽喻，如“十冬腊月大雪降，老两口子争热炕。老头儿要在炕头睡，老婆儿不让不让偏不让！老头儿拿起炕笤帚，老婆儿抄起擀面杖。老两口一直打到大天亮，结果谁也没捞着睡热炕”“初三、十三、二十三，老两口吃饭把门儿关。苍蝇叼走了一个饭米粒，老头子穿鞋追到西山。老婆子在家掐指来算，伤财惹气费盘缠”。

童谣的内容涉及生活的方方面面，文字浅显，哲理性强，蕴含着丰富的教育内容，积淀了优秀的民族文化，易于在社会上传唱。

童谣从总体上说属于民间歌谣，具有浓重的民间文学色彩，它的传承意义非常深远。

目前，北京童谣主要的传承方式有两种：书面传承和口头传承。

北京童谣的现状

2008 年北京童谣被列入国家级非物质文化遗产名录。

为了保护北京童谣，众多人士做出了贡献。如在知名民俗学专家赵书和北京少儿图书馆的帮助下，宣武师范学校附属第一小学收集编写了校本教材《北京童谣》，将礼仪知识编成童谣，在每周一节的礼仪课堂上教、学、传、唱。西城区其他小学也陆续将北京童谣纳入课程。

宣武师范学校附属第一小学的学生们，在老师的带领下，学习童谣，吟诵童谣，感受童谣，创编童谣。他们为北京童谣的弘扬和传承起到了重要的作用。

一起来唱北京童谣

北京童谣至今已有千余年的历史，它陪伴着一代又一代的孩子成长。

一

小耗子，上灯台，

偷油吃，下不来，

“吱儿吱儿”叫奶奶，

奶奶不肯来，叽里咕噜滚下来。

二

小小子坐门墩儿，

哭着喊着要媳妇儿。

要媳妇儿干吗？

点灯，说话儿，

吹灯，做伴儿，

早晨起来梳小辫儿！

三

一二三四五，上山打老虎。

老虎没打着，打到小松鼠。

松鼠有几只，让我数一数。

数来又数去，一二三四五。

四

一九、二九不出手，

三九、四九冰上走，

五九、六九沿河看柳，

七九河开，八九燕来，

九九加一九，耕牛遍地走。

永定河传说

遗产历史：2000年以上

入选情况：第二批国家级非物质文化遗产名录（2008年）

申报地区或单位：北京市石景山区

纵观人类发展的历史，一座伟大的城市总会有一条伟大的河流伴随左右。3000多年来，始终相伴着北京城的，正是母亲般的永定河。

金建都北京，“文化中心”逐渐东移，永定河成为“东移”天然的大动脉，促成了秦晋文化与永定河文化的交融。北京最早的文化现象首先出现在永定河一带，永定河传说就是其中最著名的民间文化。

历史上的永定河，常发生决口，由于地势高于北京城，洪水经常冲进北京城，所以河道多次改道。

在人们跟水患灾害进行顽强斗争的过程中，留下了许多传说。

于成龙生死护永定河

于成龙，于清康熙三十七年（1698年）任直隶巡抚、兵部尚书、河道总督。

当时，永定河还叫浑河，浑河泛滥成灾，附近很多居民的房屋与田地都被淹没了。康熙皇帝决定找于成龙察治。

康熙皇帝为什么决定找于成龙呢?

于成龙在青少年时代过着颠沛流离的生活，这造就了他体恤民生、关爱民众的品格。他在当官时，依旧一身正气、两袖清风。他的事迹被百姓传颂，从而被康熙皇帝所知。

上任后的于成龙果然不负众望。他亲自查勘浑河河道，决

永定河碑

定加固石卢（石景山—卢沟桥）段旧堤的同时，对卢沟桥以下河段进行大规模治理。他采用尊重自然、勘测故道、疏筑兼施的策略，摒弃了明代以来单一筑堤束水的方法，既筑河堤，又浚河床，治水的同时注意治沙；并注重上游、中游、下游全程治理，改变以往历朝头痛医头、脚痛医脚的局面。他亲临河边指挥，监督河工挑新河，首次采用分段修筑管理、同时开工并进的方法。

5月，于成龙治理浑河大功告成。7月21日，康熙皇帝斟酌再三，将浑河、无定河乃至整个浑河干流赐名为永定河，题额建碑，首次敕封永定河神，企盼浑河从此安澜，不再泛滥，寄托了永远安流、造福京华的美好愿望。

于成龙还筑起了卢沟桥附近180余里（1里=500米）的大堤，使一些地段的河水几十年不泛滥，所以石景山地区的老百姓都对于成龙这个好官千恩万谢。于成龙对石景山也特别有感情，连他死后都葬在了石景山的杨庄村。

有人说，他长眠于此，是想镇住永定河水的泛滥。也有人说，是因为这里层峦叠翠，与京城咫尺之遥，是难得的一方灵秀之地，“前有照，后有靠”，还能日日夜夜听到永定河的波涛声。

关于于成龙的民间故事，也留下一些文学作品，其中比较有名的是《于公案》。

无定河变永定河

据说，永定河原叫无定河，在永定河岸边的那尊镇水铁牛的肚子里有颗“金心”，天南地北的不少盗贼都想把那颗“金心”偷走。

谁知有一年，这颗“金心”真的让人偷走了。

这颗“金心”有什么用呢？原来它在大水来时会发出声响，附近的百姓们听到声响就赶紧躲避洪灾。

可现在“金心”没了，铁牛不能发出声响“报警”，再有洪水怎么办呢？

没想到这一年的夏天，真的暴发了洪水。铁牛听到永定河上游的洪水冲下来了，它想“报警”，可它憋足气，撑破肚子也没发出半点儿声响。

铁牛急得使劲跺脚，震醒了永定河里睡觉的仙龟。仙龟从水里伸出头问铁牛：“你蹦跶什么呀？吵得我不得休息。”铁牛急切地说：“洪水要冲下来了，你快点儿给附近村子里的人报个信。”仙龟说：“我又不会喊，爬得又慢，等我爬到村里，洪水早来了。”铁牛一想确实是这样，只得催仙龟帮着它想办法。

仙龟正在修行，救人性命，也是它想做的事，便说道：“我有个办法，西山上有个几千年的无底洞，我先把水吸进肚子，再吐到洞里，这样洪水流得就能少点儿，也能给岸边的人留出逃生的时间。”

仙龟话音未落，滔滔洪水已如决口之势狂涌下来。仙龟立刻伸出脖子，张开大嘴，一口把洪水吞进肚子，然后一仰脖子，将水吐进西山无底洞里。就这样，吸一口，吐一口，反反复复多次。永定河两岸的洪水都被仙龟转移了，从此再也没发生过洪灾。

但老百姓不知道，还以为泛滥的永定河不发洪灾了，高兴地叫它永定河，意思是永远安定。

可仙龟因为多次吸进洪水，生病了。它对铁牛说：“我的肚子越来越胀了，身子也变得越来越沉重。我要跟你告别了。”铁牛问：“你要去哪儿呀？”仙龟回答道：“永定河东岸有一个将要被洪水冲毁的堤坝，我要去那里。”铁牛不同意，说：“你去那里太危险了。”仙龟说：“我还有最后一点儿力气，我用身体去堵住那个口子。”

仙龟由于吸了几年永定河的水，河水里都是泥沙，这些泥沙就沉积在它的肚子里，所以它连呼吸都很困难。仙龟用仅有的一点儿力气，挡在眼看就要被冲垮的永定河东岸的一块低洼处，瞬间那里出现一座山，传说这座山是仙龟化成的。后人管这座山叫石景山。

湿经山和失经山的传说

石景山位于北京西部，曾被称为“湿经山”和“失经山”。这个传说来源于唐僧取经的故事。

唐僧师徒去西天取经，经历了千难万险。途中曾遇一条大河，几百米宽的大河挡住了去路。传说这条河就是现在的永定河。

猪八戒逞能道：“师父，俺老猪探探去，这河看上去吓人，也许河水不深呢。”说罢，猪八戒抡起大耙子，用力向水中探去，突然跌入水中。猪八戒只得大喊：“救命……”

喊声惊醒了河里正在睡觉的一只大乌龟，它钻出水面大吼：“什么人搅了我的好觉？”

唐僧忙上前问：“请问，我们急于赶路，怎么可以过得对面去？”

乌龟说：“你们过河干什么？”

唐僧马上说：“我们是去西天取经的。”

乌龟听说他们要去西天取经，心想那一定能见到如来佛祖，就说：“我在这里几千年了，一直在修行。你如果见到如来佛祖，帮我问问，我何时才能修成正果，我就驮你们过河。”

师徒几人答应下来，乌龟就把他们几人驮过了河。

几年过去，唐僧师徒取经回来，又经过此地。乌龟见到唐僧他们回来，高兴地驮着唐僧师徒过河，眼瞅着就游到河对岸

颐和园长廊彩画——《唐僧师徒乘龟过河》

了，乌龟问："师父，我托付你的事，如来佛祖怎么说？"

唐僧师徒取经路上历经劫难，他们把乌龟托付的事给忘了。

乌龟一听，自己白白在河边等了几年，不由得气从心生，一声大吼，把唐僧师徒翻到了河里。

取回来的真经全被水淹了。无奈，唐僧师徒只好把经书放到此处仙山上的一块大青石上晾晒。烈日炎炎，到了晌午，晾晒的经书就干了。

正当他们要收拾时，从西边刮来一阵狂风，真经被卷了起来，飘向了天空。唐僧命徒弟们赶紧去抢，但有一部分被风刮得无影无踪了。

原来这事是如来佛祖做的，如来佛祖担心把"回生经"给了唐僧，被他传到人间，人们都长生不老，人间人满为患，那可就坏了。

于是如来佛祖就派了四大弟子去追赶真经，他们追到石景山上空的时候，看见唐僧师徒正在晾经，于是施展法术，趁机收走了 18 部回生经。

后来大家把晾经的地方叫湿经山，又叫失经山，还有石经山的叫法，也就是现在的石景山。

永定河传说的现状

永定河传说，体现了永定河两岸人民的智慧和才能。

为了更广泛地传承传播，当地也通过舞台表演的方式向民众讲述和展现永定河传说，并收集传说故事 150 余篇，还出版了相关图书。

关于治理永定河的历史记录，也为研究北京发展史提供了翔实的资料。

目前，永定河传说的传承人年事已高，北京市石景山区正在抓紧记述整理，避免永定河民间传说在现代娱乐文化的冲击下渐渐被淡忘，最后消失。

卢沟桥传说

遗产历史：800多年

入选情况：第四批国家级非物质文化遗产代表性项目名录（2014年）

申报地区或单位：北京市丰台区

卢沟桥是一座石拱桥，位于永定河上，至今已有800多年的历史。

卢沟桥位于北京市丰台区，因横跨卢沟河（今永定河）而得名，是北京现存最古老的石拱桥。

卢沟桥传说主要流传于卢沟桥所在的相关地域，即北京市丰台区和永定河流域。

姑嫂造桥

关于卢沟桥的来历，有许多传说，其中最有名的是说卢沟桥是姑嫂比艺修成的。

据说鲁班想在卢沟河上修座桥，方便两岸的人过河。可是造座什么样的桥呢？他开始盘算。最后他决定让女儿和儿媳比艺，各展才能，让她们来造桥，必须要造得结实。

鲁班的女儿心灵手巧，技艺高超；儿媳也聪明伶俐，手脚勤快。姑嫂两个人的技艺不相上下，闲的时候，两个人也经常比试。

鲁班与两个人讲了比赛规则：三天之内，每人修成一座石桥，看看谁的桥结实好看；还有修桥只能在夜里，第三天早晨

卢沟桥

卢沟桥日落风光

鸡鸣交工。

姑嫂两个人开始行动，嫂子在上游山间架桥，小姑子在下游渡口架桥。

嫂子暗中调来天兵天将，开山取石加工，将加工后的石料运到河床，随着她的一声号令，七孔桥墩同时从河床竖起。一夜之间，桥墩有了。

小姑子也开始砌桥墩，她发现砌后的桥墩有些单薄，出水面不多。她也开始调兵遣将，把桥修成 11 个桥孔，仰面朝天摆在那里，桥面压在下边，最后只要用劲把它翻过来，扣在河上，桥就算造好了。

小姑子看嫂子的桥墩修成了，桥面还没修，心想她至少还得一夜完工，反正自己还有时间，干脆来个新花样，在仰面朝天的桥墩上再扣上一座，这样更结实更好看。

第二天，小姑子发现嫂子的桥大致完工了，甚至连栏杆都装得差不多了。

小姑子着急了，天刚黑，她就请来山神、土地公帮忙。

山神得到命令，立即行动。三山五岳闲散的狮子也被调来了，它们被放在桥两侧的柱头守候。

狮子们有的在柱头低头看水，有的昂首看天；带小狮子来的母狮，用嘴抚弄小狮子，姿态万千，各显神采。

第三天鸡一叫，山神点化，柱头的狮子不动了，牢牢驻守在那儿。

嫂子跑来看小姑子，发现小姑子建的桥很好看。再回头看自己的，也还满意。

两个人一起跑来找鲁班，争说自己的桥好。

鲁班说：“外表都看清了，现在我们试试桥的结实程度。”

她们请来了柴王爷，柴王爷有座“百花山”，想让他用小车推着“百花山”在桥上走走试试，看哪座桥禁得住压。

柴王爷用小车推来“百花山”，吱吱扭扭走过小姑子修的桥，纹丝不动。

小车又吱吱扭扭走上了嫂子修的桥，小车过去了，桥面下沉，河水漫桥而过。

嫂子有疑问，小姑子解释说：“我这座桥，下边还有一座仰面朝天的桥。我的桥洞是圆的，所以不怕压。”

嫂子看着桥两侧的狮子，越看越喜爱，就问：“这些狮子从哪儿来的？”

小姑子说：“我也不知道从哪儿来的，看你的桥快完工了，我着了急，才求山神帮忙找来的。”

看上去这场比艺好像是小姑子赢了。但鲁班却对儿媳说：“别不高兴了，你修的桥就得是个漫水桥，不然河水冲下来的山柴就把桥孔堵塞了，你的桥也是有用的。”

嫂子一听，高兴起来。

直到今天，嫂子的漫水桥仍旧安然无恙，卢沟桥的游人也越来越多。

卢沟桥的狮子数不清

当初皇帝下旨修建卢沟桥，期限是三年。

两年过去了，卢沟桥快要建成了，正当工匠们高兴时，皇帝下令要工匠把卢沟桥修建成狮象桥。

这是怎么回事呢？

原来皇帝过生日时，有外国使节进贡大象和狮子各一对，说它们是百兽之王。

皇帝心想，大象和狮子是有寿命的，如果死去，便再也没有了。怎么办？他想起了正在修建的卢沟桥。

皇帝想，如果修成狮象桥，就可以千秋万代把兽中之王踩在脚下，以示人中之王的尊严。

工匠们接到圣旨，不由得忧虑万分，如果完不成任务，不光钱拿不到手，恐怕连命都得搭上。可是要完成任务，一时也没有好的办法。

这时一个老工匠站了出来，说："大伙儿别急，咱们有祖师爷鲁班的手艺，没有不会修的。只要大家齐心协力，狮象桥就能造好。"

监工也希望狮象桥修好，但他还想扣点工钱。于是他说："只要狮象桥修好，3 年工钱一分不少，还另外每人加 5 两赏银。可有一样，桥上的狮子不能少于 400 头，大象最少也得有 2 只。"

工匠们知道这监工故意使坏，很犯愁。一座桥上要有 400 头狮子、2 只大象，怎么想也不可能实现。

这时，老工匠不慌不忙地说："没关系，大人只等到时候验收就好了。不过大人说的话可得算数，要不然我们既能修桥也会拆桥。"

卢沟桥上的狮子

卢沟桥上的狮子

那监工命人取过笔墨纸砚，立了字据。

众工匠在老工匠的指点下，在每个桥栏柱上都刻了石狮子，可每个柱上都刻了也才不过280多头，离400头还差得远呢。

老工匠告诉众人不用着急，他自有办法。

工匠们在桥头两端开始刻大象，刻大象倒不难，可大象刻小了吧，不像那么回事儿；刻大了吧，桥头高出桥身，又不像个桥样儿了。老工匠用根棍子在地上画了个图。大伙儿一看就明白了，画的是只跪在地上的大象，鼻子正好顶着桥头一端，这下子不但大象变矮了，桥头和大象连在一起，好看不说，桥又结实了不少。

转眼间，验收的日期到了。监工特意带着几百个随从来到桥上验工。

当他看到修建好的卢沟桥，虽然心中暗暗叫好，但一想到要给工匠们的工钱、赏银，就舍不得了。

他吩咐随从四处仔细查看，寻找毛病。随从们开始查狮子。

工匠们心里很忐忑，只有老工匠神情自若。

他说每根柱上都有一头狮子，随从们便头也不抬地数着柱子。老工匠手持铁锤跟在后面，随从数过一根，他就用锤子在狮子身上敲打两下。

随从们数完桥柱，说石狮子一共有 280 头。

监工厉声喝道："来人，把众工匠就地斩首。"

随从们呼啦一下子把众工匠都围了起来。

老工匠喊道："且慢，你们还没数完狮子，怎么就要杀人？"

监工和随从们正要争辩，老工匠笑着说："我刚才说每根柱上都有一头狮子，可狮子身上还有狮子呢，你们数了吗？"

监工一听就火了，嚷道："快去再数，数清再跟他们算账！"随从们马上又去数，这下可麻烦喽！几百个随从忙得团团转，数到日头偏西，也没数清到底有多少头狮子。

原来，老工匠刚才那么敲打几下，大狮子身上就又神奇地多出来许多小狮子，爬的、滚的、躺的、卧的、撒欢儿的、吃奶的，根本就数不清，太多啦。

随从们报告说实在数不清，但 400 头肯定是有的。

监工只得灰溜溜地留下工钱、赏银，然后去向皇上报告大桥建成的消息。

至今还有不少人喜欢去数卢沟桥上的狮子，可从来也没人数清过。

卢沟桥传说的现状

北京市丰台区为该项目的挖掘整理、保护传承做了大量的工作。

在搜集整理卢沟桥传说的基础上，又对民间传承的、只有很少人会讲的传说内容进行了更加深入的挖掘和整理。此后的几年间，他们通过走访调查、入户访谈，又收集到了一些故事；通过乡镇、街道对能够讲述卢沟桥传说的传承人进行了调查摸底，掌握了大量传承人的相关资料。

而卢沟桥传说的发生地——宛平城街道，已将卢沟桥传说的传承引入学校，组织学生更深入地了解和讲述卢沟桥的传说。

天坛传说

遗产历史：600多年

入选情况：第三批国家级非物质文化遗产名录（2011年）

申报地区或单位：北京市东城区

天坛一般指天坛公园，位于北京市城区南部，是明清两代皇帝祭天祈谷的地方。天坛始建于明永乐十八年（1420年），后经明嘉靖、清乾隆期间两次大规模增建、改建和扩建，逐渐形成了一个南有圜丘和皇穹宇、北有祈年殿和皇乾殿的辉煌壮观的皇家建筑群。

天坛的建筑，有圆的坛、方的墙，外坛墙和内坛墙构成了北圆南方的形状，这个形状正是中国古代“天圆地方”和“天人合一”宇宙观的具象体现。

天坛传说是流传于天坛及其周边地区有关建筑、景物、帝王、名人等的传说。

神圣和世俗的统一，是天坛传说的一个显著特点。

建坛传说

天坛是明朝永乐年间修建的，是皇上祭天祈谷的地方。

有人问了，永乐皇帝为什么要建天坛呢？这还得从他进京说起。

永乐皇帝进京时，也曾心怀梦想，要把国家治理好。他到了京城，就各处祈愿求雨。可是老天爷一滴雨也不下，大地干旱，庄稼颗粒无收。全国各地频频报来闹饥荒的奏折，让皇帝寝食难安。

这天晚上永乐皇帝做了个梦，他梦见一个浑身透红透红的大汉对他说："娘娘求雨，方可降雨！"说完，便没了踪影。

醒来后的永乐皇帝猜想，这也许是老天爷托的梦。于是，他传下圣旨："娘娘求雨三日，天不降雨，不准回宫。"

风水先生反复观察，选中了圜丘坛这块地方。选中这块地方的原因是这里有座小黄土山，土质坚硬，远远望去像块金疙瘩。

工匠便在这里搭了个台子，用凤辇把娘娘接来了。

娘娘站在拜台上，可她的心却不在求雨上，她东瞧瞧西望望，开心地欣赏美景。天渐渐黑了下来，娘娘的肚子也饿了，她想回宫吃饭。

可是从早到晚，天都没下雨！她祈雨没成功，不敢回去。娘娘只好继续祈祷。

天坛圜丘

两天过去了，天还没有下雨。到了第三天，她终于熬不住了，一个劲儿地念叨："老天爷，行行好，下场雨吧！救救我吧，我快饿死了。"

皇帝不放心，也来到了拜台。

娘娘看见皇帝来了，委屈的泪水就流了出来。皇帝劝说她也不听，娘娘的眼泪一直在流。

谁知这时"轰隆"一声，天裂开了大缝，下起了瓢泼大雨，大地一片湿润。皇帝很高兴，心想，既然求雨管用，以后可以照旧。

但总不能年年让娘娘这样辛苦吧？

看着那座像金疙瘩似的黄土山，他决定在这儿建一座祭坛，每年来求雨，求上天保佑五谷丰登。

从这一年开始，每年皇帝都会来这里举行祭天仪式。

百龙相助保天坛

天坛公园有座高大的祈年殿，它被 3 层汉白玉栏板环抱，传说最高一层栏板下的喷水兽是 100 条小龙变的。

那这些小龙是怎么来到天坛的呢？

相传，刘伯温修北京城时，得罪了龙王，经过几次搏斗，龙王战败。

战败的龙王拱来拱去拱到了天坛这个地方，躲在了一口大井里。

有一天，龙王得知皇上要重修祈年殿，它就想捣乱，不让工程顺利进行。

祈年殿的工程快要完工的时候，管工发现沿着大殿的周围“咕嘟咕嘟”地直冒水泡。水泡整整冒了七七四十九天。

天坛祈年殿

管工四处查看，寻找原因。这天他听到坛下“哗哗”作响，便壮着胆子循声而去，发现了井眼。井台上有根大铁链，他抓住铁链用劲往上拉，这铁链被他一段一段地拉了一地，就是拉不完。他把耳朵贴近井口，只听里面“嗡嗡”作响，他拔腿就跑。

后面有个声音传来：“喂，跑什么？我是龙王，我有 100 个儿孙，都想做官。你告诉皇上，如不给官做，你们休想修建祈年殿！”

第二天早上，管工看见祈年殿最高一层的栏板上趴着许多条小龙，密密匝匝的，仔细数了一下，整整 100 条。

管工便给皇帝上奏折，皇帝答应了，说：“就让龙王的儿孙都做我的臣子吧！”

龙王的心愿完成了，可它忘了一件事：龙是离不开水的，这些龙子龙孙趴在太阳底下等圣旨，晒得难受，都说不想做官了，要求回家。

可老龙王不甘心，坚持等圣旨。

待皇帝的手谕到时，小龙们的身子都僵硬了，一下子变成了石头。

老龙王见此景，顿足大哭：“儿孙们哪，咱不是当官的命啊！你们再也变不回来了，忠心保天坛吧。”

说完，老龙王化作一阵清风而去，留下 100 条小龙永保天坛。

据说清光绪年间，祈年殿大火，就是这 100 条小龙喷水吐雾，把大火扑灭的。

天坛传说的现状

天坛传说源自对“天”的信仰，但今天这种信仰已经不存在了，天坛传说的生命力出现了衰减的趋势。

生活格局改变了，人们的生活方式更近于私人化，聚在一起聊天的空间和时间有限，讲故事的机会和环境少了。还有，讲述这类传说的人平均年龄也已在70岁以上了。因此，以人为传承载体的天坛传说，出现了传承危机。

东城区非物质文化遗产保护中心组织力量深入社区、学校、旅游群体，挖掘、搜集、记录和整理至今还在民间流传的天坛传说，并将采录来的文字记录稿编辑成书，在读者中得到更广泛的传播。

天坛回音壁

八达岭长城传说

遗产历史：2300多年

入选情况：第二批国家级非物质文化遗产名录（2008年）

申报地区或单位：北京市延庆区

八达岭长城，位于北京市延庆区军都山关沟古道北口，是中国古代万里长城的重要组成部分、明代长城中的杰出代表。

八达岭长城

八达岭长城始建于战国时期，有 2300 多年的历史。明弘治十八年（1505 年）开始重筑，对八达岭长城进行了长达 80 余年的修建，共长 1300 多里（1 里 =500 米）。

八达岭长城传说是流传于北京市延庆区八达岭长城沿线 170 余千米范围内的民间文学。这些传说的主人公有天界神仙、帝王将相、地主长工、农民商人、狐鬼精怪等。八达岭长城传说题材广泛，分为长城修建、神话灵异、历史人物、风物风俗等类，表现的主题思想有歌颂、有讽刺、有鞭挞，语言朴实，保留了大量当地方言，忠实记录了当地乡民文化，具有较强的思想性，其中极具代表性的便是秦始皇修长城和孟姜女传说。

孟姜女与九龙女

秦朝时，有个善良美丽的女子，名叫孟姜女。

在成亲那天，官兵抓走了她的丈夫范喜良去长城做苦工。孟姜女在家里日夜思念着丈夫，可眼巴巴地盼了一年，也没有任何音信。她决定前去长城找他。

一路上，也不知经历了多少风霜雨雪，跋涉过多少险山恶水，孟姜女没有喊过一声苦，没有掉过一滴泪。终于，凭着顽强的毅力和对丈夫深深的爱，她到达了长城。

到了长城孟姜女才知道，自己的丈夫已经死了，尸首填了城脚。

孟姜女哭了三天三夜，哭得天昏地暗，哭得一段长城都倒了，露出了范喜良的尸首，孟姜女的眼泪滴在了他血肉模糊的脸上。

这消息传到了秦始皇的耳朵里，他前去一看，发现孟姜女趴在丈夫尸骨上舞着孝带痛哭。那孝带一动，山就“哗哗”地颠，地就“轰轰”地响。

秦始皇便追问孝带的来历，当他知道带子由仙符做成，是民工们送给孟姜女的，便大怒，传令将民工们抓来，就地斩首。

孟姜女来到秦始皇面前，说道：“你把我杀了吧，我找丈夫哭倒长城，和民工们无关。”

秦始皇发现孟姜女非常美丽，便动了别的念头，他说：“你若想我不杀这些民工，就得给我当妃子。”孟姜女说：“我有个条件，你要答应我，我就给你当妃子。”

孟姜女提出的条件是：秦始皇要披麻戴孝，厚葬范喜良。

秦始皇贪图孟姜女的美貌，亲自披麻戴孝，厚葬了范喜良。

孟姜女一看心事已了，就趁人不备，跳进了东海。

秦始皇快要气疯了，他发誓要找到孟姜女。可东海水势滔滔，怎么找？

这时有人出了个主意，让秦始皇拿仙符结成的孝带来搅海水，把海水搅翻，不愁孟姜女不上来。

海水把龙王的水晶宫搅得摇摇晃晃，虾兵蟹将吓得乱跑。

龙王召集大臣们商量办法。

这时，龙王的九女儿对龙王说："父王，您把女儿变作孟姜女的模样，我去哄那昏君，趁机盗出孝带，这样就能保住海中生灵了。"

龙王没有办法，只好答应了女儿的要求。

秦始皇还在岸边挥舞孝带呢，这时他猛见海面上漂来一个人，仔细一看，正是孟姜女！他高兴地命人把"孟姜女"抬回宫调养。

九龙女做了秦始皇的妃子，几次想盗孝带，因秦始皇看得太紧，都没有得手。后来九龙女怀孕了，快要分娩时，秦始皇放松了警惕，出游去了。

九龙女找到孝带，向东海跑去。就在此时，九龙女的肚子开始疼了起来，她就在海边的礁石上生下了一个黑娃娃。

黑娃娃被一个姓项的老头拾到，他给这孩子取名叫"项羽"。

"金人"与秦始皇

秦始皇统一天下之后，国力疲弱。北方匈奴便想趁机占便宜，于是派出一名使者，表面称要促进两国友好，实际上是想挑起皇帝和大臣的不和，从而坐收渔翁之利。

使者到了咸阳，向秦始皇献上一个和真人一样大小的金人，并说这个金人能洞察人的心理，想知道文臣武将对秦始皇是否忠诚，可以用它试一下。

秦始皇一听，来了兴趣，便问其方法。

使者说：“如果对你忠诚的人，和金人说话，它就会下拜；如果金人不下拜，就说明此人对皇帝有二心，应该杀掉。”

秦始皇是个多疑的人，他当场就让文武大臣上前和金人说话，结果一连好几十个人说话，金人谁也不拜。使者说：“这些都不是忠臣，应该杀掉。”

秦始皇发现里面确有几个他一直想除掉的大臣，此时正好有机会，他便杀了他们几个。剩下的几个大臣，秦始皇有疑惑，便下令把他们关押起来过后再说。

堂上发生的事，让满朝文武人人自危，生怕自己被秦始皇叫出来和金人对话。

有个大臣回到家里愁眉不展，苦思冥想，却想不出好的办法来，他的女儿追问原因，大臣就把在朝中发生的事讲给了女儿。

女儿听后，心想，如果金人真能显灵必定是鬼神为之，她决心自杀，以自己的鬼魂附于父亲身上，看是否能够解除此危机。

趁父亲不备，女儿上吊死了，死后魂魄就在宅院上方守护着父亲。

此时正好太白金星路过，了解情况后，他动了恻隐之心，说：“你是个难得的孝女，我就帮帮你，你不用发愁，我给你一根神鞭，等你父亲上朝时，你可以告诉他用法。到时让他用神鞭打金人，金人自会下拜。还有，这根神鞭日后还有大用处，要保护好，切记切记，你也早早投胎去吧。”说完就不见了。

女儿便托梦给父亲，父亲惊醒后，发现手上多了一根神鞭。他想到梦中的经历，便信心十足地去上朝了。

到了堂上，这位大臣取出神鞭，抽金人，金人果真下拜。众文武大惊，秦始皇也是大惊，难道只有这个名不见经传的人是忠臣？

秦始皇便给这位大臣升了官，把先前那些人都处死了。

回到家的大臣更愁了，因为他连累了更多的人被处死。女儿发现父亲心情更差了，当她得知真实情况后，便去找太白金星想办法。

太白金星说：“你可以告诉你父亲，明天上朝把神鞭给秦始皇。”

女儿又托梦给父亲，把太白金星说的办法告诉了父亲。醒来的父亲回忆起梦境，一早便上朝了。

上朝后的父亲把神鞭给了秦始皇。秦始皇手拿神鞭，对着金人抽了起来。一下，两下，再抽，金人就是不拜。秦始皇连着抽了好几鞭子，金人都不下拜。

秦始皇想：难道我自己还会背叛自己？这个金人能洞察人心一定是假的，一怒之下，秦始皇杀了使者，熔了金人。

后来秦始皇派大将蒙恬率兵30万讨伐匈奴。

八达岭长城传说的现状

口头文学的传播方式很难延续下去，八达岭长城传说的传承也同样遇到了困难。人们的个体化自由生活逐渐代替了过去市井文化的群居生活，缺乏发展的后劲和空间。

延庆区共挖掘、整理八达岭长城传说 160 余篇，这些原生态的文学样式植根于民间，是中国长城文化的重要组成部分。

其中八达岭长城传说的代表性传承人池尚明为八达岭长城传说的传播做出了贡献。

延庆区文化委员会编辑出版了相关图书，延庆区文化馆和八达岭中心小学联合举办了八达岭长城传说传承大赛，政府投入了 30 万元资金支持八达岭长城传说动漫等，这些举措都有利于八达岭长城传说的传播和传承。

杨家将传说（穆桂英传说）

遗产历史：600多年

入选情况：第二批国家级非物质文化遗产名录（2008年）

申报地区或单位：北京市房山区

讲穆桂英之前，先要了解杨家将。

杨家将是北宋时期抗击外族的军事家族，他们的事迹被世人称道，并在后世不断演绎，广为流传。而穆桂英是杨家将中

杨家将雕像

杨宗保的媳妇，也是杨家将的一分子。

穆桂英传说，从明代流传至今，在口耳相传的过程中形成了多种版本，主要流传于燕山地区羊耳峪、东流水等几座村子。穆桂英传说讲述的就是北宋前期和中期，在外族入侵、民族危亡的时刻，杨家将面对强敌挺身而出，誓死保卫大宋边疆的故事，主要内容以穆桂英养育孩子和杨家将领兵打仗的传奇故事为主。

穆桂英点将台

在北京八达岭往南有一条长达 20 千米的关沟，里面有一块巨石，高 3 米，平面约 60 平方米。巨石东侧有古人开凿的专供上下的台阶，巨石顶部光滑平整，散落着大小 28 个圆洞。

民间传说 28 个圆洞是穆桂英搭帐篷时插帐杆的地方，所以当地人称巨石为“帐篷石”。

杨家将的男将们大都为了保卫大宋江山而战死沙场。当年辽兵进犯中原，边关的战事特别紧急，皇帝在万般无奈的情况下，只好派人到天波杨府下了出征的诏书，当时杨家的成年男子已绝，只有穆桂英武艺高强，且精通战术，万不得已，杨家只好派身怀六甲的穆桂英带领老少女将挂帅出征。

穆桂英带领军队一路颠簸，就在关沟里扎了营寨，把大帅

颐和园长廊彩画——《穆桂英勇退敌兵》

的军帐搭在这块巨石之上。她站在巨石上居高临下，一边调动将士们演兵操练，一边做着迎敌的准备。

有一天，穆桂英突然感到腹中疼痛不止，她自知离分娩的日子不远了，便命将士们养精蓄锐，以逸待劳。

穆桂英怀孕的消息不胫而走，被辽国的元帅知道了。他决定借此机会打宋军个措手不及，就一边派兵对宋军进行不断的骚扰，一边准备偷袭宋军。

穆桂英将计就计，她一边在大营里待产，一边与将士们商讨对敌之策。众女将对穆桂英说："宗保元帅已经为国捐躯了，元帅您得保重身体，一定要好好生下这个孩子。元帅不妨将大帐后撤 20 里，以防不测。"

穆桂英说："大帐一动，军心不稳，还如何应对敌军呢？"

就在辽军偷袭宋军大营的时候，穆桂英终于把婴儿平安地生了下来。她顾不上休养身体，把孩子交给身边的侍女，就披挂上阵了。

杨家众将见此情景都激动万分，个个挺枪上马，以一当十，奋死杀敌。而辽兵主帅看见披挂整齐的穆桂英，便吓得狼狈逃窜。

从此，这块穆桂英元帅搭大帐的巨石，就被当地人称作“点将台”。

穆桂英大摆迷魂阵

在北京市昌平区西峰山村，你要打听某家人时，最好不要问方向。因为不管问东南还是西北，你走到哪儿都会转向。你明明觉得那里是西边，实际上却是南边。

外乡人到西峰山村，为什么会转向呢？

据说村中这些住房是按照宋朝杨家名将穆桂英大摆迷魂阵时的阵形盖的，它们往往是东不东、西不西、南不南、北不北。中华人民共和国成立以前，若有外乡人到这儿作恶，往往转不出这个村，最后总是被村民痛打一顿，然后被撵出西峰山村。

当年的穆桂英，是怎样在西峰山村大摆迷魂阵的呢？

穆桂英在现今的老峪沟乡了思台，放下她刚出生的儿子杨文广后，便又急急地和辽兵周旋，率兵来到现今的西峰山村，借民房宿营。而辽兵得知宋兵主帅穆桂英分娩的消息后，便想趁机大破宋军。

杨家将在西峰山村北二三里地的大小两条山沟里安营扎寨。晚上，穆桂英不顾产后虚弱，也不顾众将士劝阻，依然召集大伙商议退兵之策。

主帅如此，众兵士个个群情激奋，出谋划策，经过一番讨论，穆桂英拿定主意，她对大家说：我们要兵分两路，如此如此……便能大破辽兵。

第二天，杨家将中的猛将孟良一马当先，来到辽营前叫阵。辽兵见阵前没有穆桂英，便料定她产后身虚不能上阵，便轻敌起来。于是，他们不由分说，便令一员大将冲杀过来，数十个回合后，孟良显得力虚，正想拨转马头，辽兵哪肯罢休。

孟良只得且战且退，辽兵便一路追来。他们见宋营并无别的将士前来接应，更加穷追不舍，很快就来到了西峰山村。孟良拨马进了村，一会儿辽兵便把村子围了个水泄不通。辽兵仗着人多势众，蜂拥而至。他们刚进村，就感觉阴风凄凄，寒气逼人；继续往街里头走，越走越觉得眼花缭乱，晕头转向起来；再往前走，走来走去，发现又转回到原处。

孟良雕像

辽兵才感事态不对，正要往出走，宋军冷不防从横里杀过来。辽兵被杀得片甲不留，不到一个时辰，进村的辽兵全部送了命。

这就是穆桂英精心布

置的迷魂阵。

后来西峰山村民的房屋也就没有按一般的东南西北建造，而成了现在这样的格局。

杨家将传说（穆桂英传说）的现状

由于一些自然村落和景观的逐渐消失，有关传说的衍生地也受到影响。此外，能够完整讲述这些传说的大多是年长的老人，使传说处于亟待传播的境地。

现在年轻人的价值观已经改变，追求的是新潮、现代，对过去传统故事的热情已经消失，过去老一辈那种守着油灯讲故事的时代已经一去不复返了。这些都不同程度地造成了民间传说的失传。

2019 年 11 月，国家级非物质文化遗产代表性项目保护单位名单公布，北京市房山区燕山文化馆获得“杨家将传说（穆桂英传说）项目”保护单位资格。

曹雪芹传说

遗产历史：200多年

入选情况：第三批国家级非物质文化遗产名录（2011年）

申报地区或单位：北京市海淀区

清乾隆年间，《红楼梦》在京城问世后，曹雪芹的名字也为人所熟知。

曹雪芹的足迹遍布西山。曹雪芹传说分布广泛，主要流传于北京香山、寿安山、金山等“小西山”一带。

曹雪芹传说，有的涉及曹雪芹的居所，有的涉及曹雪芹创作《红楼梦》的情况，更多的则是与曹雪芹扶危救困、打抱不平的事情相关。

传说中曹雪芹是一个多才多艺、性格豪爽的人，他会扎风筝，做盆景，医术高明；他勇斗恶少，扶危救贫，相传他还参与了健锐营练兵之地团城的设计。

《红楼梦》中的空空道人与疯和尚

据老人们讲，在很早很早以前，有个骑着白鹿的老道来到了樱桃沟。

这个老道发现此处景致清幽，有成片的樱桃树，还有泉水流淌，美不胜收，是个适合修道求仙的天然胜地，他就在这里的一个山洞里定居下来。

骑鹿道人鹤发童颜，骨骼不凡，一看就是个有本领的人。

他不食人间烟火，靠吐故纳新、导引吸气养生。他腹内空空，精力却十分旺盛，因此被称为空空道人。

山洞里有一块巨石，老道平时就坐在上面。他两眼似闭非闭、似睁非睁，嘴里好像念念有词，人们很少看见他离开山洞。

可是有人发现洞外有一堆酸枣核儿。据说是老道每个时辰吃一颗枣，一天 12 颗。有人猜测他根本就不会念经，嘴老动是在嚼酸枣，应该没多大道行，是靠吃这野果才活下来的。

几年过去了，樱桃沟又来了个疯和尚，也在此修仙炼性。不知为什么，两人就发生了争执。

空空道人火气很大，高声叫嚷："此山是我开，此树是我栽。水火不能容，僧道不往来！"

疯和尚也不示弱，想把空空道人赶走，他说："山水自然生，林木本无栽。金木生相克，佛家斗法来！"

曹雪芹书房（北京植物园曹雪芹纪念馆内）

于是两人约定好日期斗法，比试坐禅，久者为胜，谁失败了就得离开白鹿洞，以后各不相扰。

7 天过去了，疯和尚感到饥肠辘辘，干渴难熬，为求活命，自认败北，逃到山上一个石洞里继续修行去了。空空道人一连坐了七七四十九天，依然神清气爽，气色如常。

听老人们说，这空空道人住在樱桃沟修行了上百年，活了 100 多岁。他老死以后，被埋在山坡上了。

那疯和尚到底是什么时候离开的西山，就没人知道了。

直到现在，还能找到疯和尚住的山洞，当地人管它叫“疯僧洞”；那空空道人住的洞叫白鹿洞，也叫“白鹿岩”。

曹雪芹在写《红楼梦》时，常常到樱桃沟闲逛，跟乡亲们打听当地的传说故事。后来，他就把疯和尚与空空道人的传闻进行了一番编排，写进了他的书里。

这就是我们在《红楼梦》里看到的第一回故事。

元宝石和石上松

读过《红楼梦》的人都知道刘姥姥进大观园的故事，为什么刘姥姥给人们留下的印象那么深呢？那是因为曹雪芹太熟悉像刘姥姥这样的人了。他知道这样的人该怎么说、怎么做，老辈人说，《红楼梦》好多故事就是曹雪芹从老百姓嘴里听来的。

樱桃沟里面有个水源头，一年四季水都流个不停。水源头边上有块大石头，看上去像个元宝，人们叫它元宝石。夏天没事时，香山这边的人就愿意到那里避暑聊天。

有一回，曹雪芹在水源头碰到了刘大爷。刘大爷能说会道，肚子里的故事多。香山这边的风俗、讲究，谁也没他熟；香山这边山上的草药、蘑菇谁也没他认得多；香山这边的故事，从他嘴里讲出来跟别人也不一样。曹雪芹没事老去找他喝酒聊天。

这天，两个人又见面了。刘大爷刚采草药回来，他对曹雪芹说："今儿给你讲个女娲娘娘补天的故事吧。据说，女娲娘娘当年为了补天，先在各处找五彩石，找了好多，把它们聚在一起，点起火来烧，烧化了，趁热托到天上的缺口处，边烧边补。最后，天补好了，女娲娘娘发现还剩下一块石头。女娲娘娘觉得咱这地儿不错，山清水秀，就把这块石头搁到了这里。你看，那块大石头就是女娲娘娘补天剩下的。”刘大爷指了指离元宝石不远的一块石头。

那块石头比元宝石还大些，奇怪的是那块石头上没土，却长着一棵柏树。柏树长在石头上边，柏松相似，当地人就管这棵树叫“石上松”，说是一对夫妇的化身，生死不离。树根通过石头上的一条裂缝扎下来。传说曹雪芹受这个故事的启发，就写出了《红楼梦》的开头。

《红楼梦》后四十回的丢失

清乾隆二十八年（1763 年）的除夕（也有 1764 年的说法），曹雪芹死于脑溢血。这一年，曹雪芹正好 48 岁。

因为他的新媳妇是南方人，刚来北方不久，所以曹雪芹一咽气，她就只知道抱着曹雪芹的尸体恸哭。她谁也不认识，也不知道怎么处理后事。

村里家家都正忙活着过年的时候，听到了曹雪芹媳妇的哭声。离他们住得最近的一位老太太跑来一看，发现曹雪芹已死去多时了。

北方人家死了人有个规矩，人一咽气要立即烧纸，这叫送亲人上路。这位老太太翻遍了曹家的小屋，也没发现纸。忽然，她看见曹雪芹书案上有一摞写着字的纸，也顾不得与曹雪芹的媳妇商量，拿把剪刀，就给剪成了纸钱，并在曹雪芹的灵前烧了起来，边剪边烧，边烧边剪。

曹雪芹的几个朋友也得知了他去世的消息，大家都赶了过来。他们打算帮着料理丧事，有人扭头一看，发现老太太手边的纸钱很是奇怪，就拿过来细看。这一看不要紧，朋友们大吃一惊，这不是《红楼梦》的后四十回吗！可是现在大部分都被烧掉了。

曹雪芹被葬后，大家商议怎么解决曹雪芹身后留下的两个难题：一个是《红楼梦》已经残缺不全，后四十回只留下只言片语；一个是他媳妇的事。

高鹗和曹雪芹最熟，对曹雪芹的创作了解得更多，大家就商定由他负责把后四十回补全。

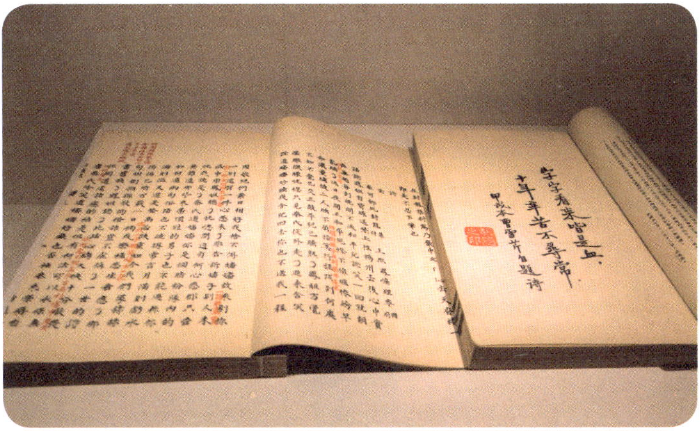

甲戌本《红楼梦》抄本

至于曹雪芹媳妇的事，朋友们各掏些银两，作为她日后的生活费用，并请这个邻居老太太代为照顾。

高鹗的文化水平不高，让他写，他写不出来。后来，就由他口述，由他的干儿子整理出来。

就这样，我们看到了今天的全本《红楼梦》。

曹雪芹传说的现状

曹雪芹传说在西山传承了 200 多年。而今娱乐方式的多样化，使得曹雪芹传说在民众生活中的吸引力和传播力大大下降。

由于年青一代对曹雪芹传说的不重视，加上知晓曹雪芹传说的老人逐渐离世，这个作为民间文学的非物质文化遗产正在迅速消亡。

之后经过海淀区文学艺术界联合会、曹雪芹纪念馆等相关部门的努力和进一步的采风工作，又了解了一些不为人知的曹雪芹传说的内容。曹雪芹纪念馆广泛结合以往成果和现有采风收获，编辑了一系列图书。1982 年 1 月，张嘉鼎的《曹雪芹的传说》由河北人民出版社出版。

八大处传说

遗产历史：1000多年

入选情况：第五批国家级非物质文化遗产代表性项目名录（2021年）

申报地区或单位：北京市石景山区

八大处是京西著名的寺庙园林，始建于隋唐，位于北京西山著名风景区南麓，距市中心16千米，因山中有8座古刹而得名。

这8座古刹分别是长安寺、灵光寺、三山庵、大悲寺、龙泉庵、香界寺、宝珠洞、证果寺。

八大处传说具有寺庙掌故、皇家逸事、布衣传说甚至动植物故事相融合的特点，其中有歌颂美好爱情的，有改造自然、共建美好家园的，有关于帝王逸事的。

八大处传说中最著名的当数卢师山大小青龙的传说故事，此传说不仅有碑文为凭，各种史书典籍、诗书文章也多有记载。八大处附近陈家沟、板凳沟等村庄的老百姓对这些传说都耳熟能详。

八大处公园大门

金鱼的传说

八大处的二处名叫灵光寺，始建于唐大历年间，寺里的南苑有一个漂亮的金鱼池。池中点缀着高雅的睡莲，一座汉白玉石桥把水池分成两半儿，桥下的石龙口吐清泉，池边峭壁耸立，怪木丛生，碧绿的水面映照着山影，别有一番情趣。

池中有数百条黄金鲤鱼，它们在水中忽沉忽浮，忽隐忽现，忽而受惊四散，阳光下金鳞闪闪，给人以扑朔迷离之感。

可是这些金鱼是从哪里来的呢？

相传乾隆皇帝6次下江南，他不仅迷恋江南的景色，而且每次都要带一些南方的特产回来。

一次乾隆皇帝来到西湖的花港观鱼，这日天气晴朗，微风习习，盈盈的湖水碧波荡漾，轻轻拍打着岸边。

水里各色鱼游来游去，千姿百态，乾隆皇帝看得入了神。他对随从太监说："这里景致多美，我们就在这儿赏鱼吧。"说着，他命随从太监拿来鱼饵试着投下一把，霎时一群鱼围拢过来争着抢食鱼饵，一连投了几次全被鱼抢光了。乾隆皇帝弯下身伸手就能碰到鱼，眼看就要捉住了，但顽皮的鱼又摇着尾巴溜掉了。乾隆皇帝越玩儿兴致越浓，忽然一个念头油然而生，要是能把这些鱼带回北京去该有多好啊！

他把这个想法告诉了随从太监，他们听了都很赞同。但要把南方的鱼活生生地运到北京安家落户，也不是那么容易的。有个太监说："我们不如从水上用船运，这里一直和桑干河的水相接，桑干河又一直通往北京西山脚下。我们可以把西山的水运到这里，让鱼适应，然后运回西山，那里风景优美，山清水秀，也正是鱼生长繁殖的好地方。"

乾隆皇帝一听，心想：游山玩水又可以赏鱼，这不是两全其美吗？于是连声称好，说："就依你的意思办。"

八大处灵光寺佛牙舍利塔

于是太监命地方官弄来好几条大船和几十个大木桶，然后浩浩荡荡的船队就出发了，船行数日终于来到了西山脚下。他们把带来的大木桶装满后，又向西湖返回。到了西湖，他们选了最名贵的鱼，有红的、黑的、黄的、花的，最大的有 2 尺（1 尺≈ 33 厘米）多长，一条条被放进几个木桶里，其他木桶里的水以备沿途换水用。几百条鱼就这样被装上船，一路上不知经历了多少风险，不知换了多少次水，才被安全运送到北京。

乾隆皇帝命人在二处的灵光寺修了金鱼池，金鱼喜得佛门水，活得更加健壮，在这里世世代代繁衍下去。

卢师和大小青的传说

传说早在隋唐时期，从江南坐船来一高僧，姓卢，人称卢师和尚。卢师和尚道行高，会法术，云游天下。

一天，他云游到九华山，见一只仙鹤正在捉两条小蛇，小蛇发出呼叫，卢师和尚挥动拂尘惊走仙鹤，救下小蛇。卢师和尚给一大一小两条蛇取了名字，大的叫大青，小的叫小青，并收为徒弟。

一天，他制作了一只无篙无橹的小木舟，独自坐在船上，口中念念有词：舟行，我行；舟止，我止。

说罢，小舟向北逆水而上，卢师不食不饮，随之而去，小舟漂流数日，来到了桑干河的分汊处，又继续向尸陀林方向漂去。

卢师抬头远眺，见前方山峦起伏，似隐似现，如梦如幻，仿佛仙界。

舟至山脚下，卢师弃舟登山。此处三面环山，一面环水，山上苍松翠波，泉水清澈，小溪潺潺，卢师感叹不已，闭目合掌说："是我所居也。"

他来到山崖的一块巨石下暂住，这块巨石的一半儿悬在空中，另一半儿与山相连，犹如屋顶。巨石中有一洞，卢师在洞里修了石门、石窗，以大石板当床，崖下有一深潭名青龙潭，潭水清澈如镜。

卢师在石洞中苦苦修炼，生活非常清苦。

天大旱，3个月不下雨，树枯井干，百姓整日愁苦，祈求神灵苍天，也无济于事。

大青、小青对卢师说："我二人乃龙王也，师父救了我们，师父常说救人一命胜造七级浮屠，我二人愿委身龙潭，重脱蛇身修炼500年，以救众生。"

说罢，大青、小青纵身跃入龙潭，顿时，潭水翻滚，潭中升起一股青烟，二青龙飞入天际，兴云吐雾，一会儿不见了踪影。

3天后，果下甘雨，田畴聚满，百姓高兴至极，卢师的两个徒弟大青、小青的善举解决了民众的困难，被人们所称赞。

皇上派使臣前来寺庙，赐卢师为感应禅师，建寺为感应寺，更山名为卢师山，封大青为应济侯，封小青为利泽侯，并在秘魔崖下塑了二童子侍师像。

每到春秋，官府便派人敬祀二青龙。这就是卢师山的由来。

八大处传说的现状

1984年以后，民俗专家开始介入整理，迄今已收集50多个传说。

八大处传说作为流传久远的民间文学，其口头传承的特点与现代传媒相比，存在一定脆弱性，应进一步对各种传说进行挖掘、整理、编辑出版，同时应把文化空间的保护纳入非物质文化遗产保护之中，加强对八大处历史遗址的保护与建设。如举办传说故事会、传说故事进校园活动等，壮大传说的讲述者队伍等，同时利用多媒体形式，在其景区的传说故事发生点进行讲述拍摄，使其更生动活泼，适应当下人们的文化欣赏水平和传播方式。

前门的传说

遗产历史：200多年

入选情况：第三批北京市级非物质文化遗产名录（2009年）

申报地区或单位：北京市崇文区（今东城区）

前门是正阳门的俗称。正阳门是北京内城南向城墙3个城门中位于中间位置的门，包括正阳门城楼和箭楼2座建筑，以前是皇帝的御用城门。

在北京发展史上，前门是北京的象征。历史悠久、涵盖深广的前门的传说是京派本土文化和地域文化传统中最具代表性、最能体现其文化精神的民间传说之一，受到人民群众的喜

清末正阳门

正阳门城楼

爱。北京民众所传承和传播的口头文学，尤其是前门的传说，无疑是京派文学或京派文化最坚实的基础。按传说的类别，前门的传说大体上应当属于地方风物传说或名胜古迹传说，但它又不是单纯的地方风物传说或名胜古迹传说，它既包括了地方传说、风物传说，又包括了人物传说、史事传说、风俗传说等。

北京别称——“八臂哪吒城”的由来

关于北京建城的传说中，“八臂哪吒城”是最有京派文化特色的传说之一。

话说明成祖朱棣，经过“靖难之役”取得了皇位后，迁都北京。经过元末战争，北京城已经破烂不堪，重修都城就成了当务之急。

皇帝决定派工部去办理此事，工部一听就吓了一跳。他们马上奏明朱棣，说：“北京这块地方，原来是个苦海幽州，那里的孽龙十分厉害，臣子不能降伏，还是派能人军师们去建城吧！”皇帝一听有理，修建北京城这件大事，是得好好找人。他要找的是上知天文下知地理、上能知神下能知鬼的能人。

皇宫里的能人，除了皇帝，就是军师。于是皇帝召集军师们，问道：“你们谁能去给我修建北京城？”

大军师刘伯温和二军师姚广孝接受了旨令。平时大军师刘伯温看不起姚广孝，二军师姚广孝也不服刘伯温。

两人到了北京，刘伯温对姚广孝说：“咱们分开住吧，你住西城，我住东城，10天后见面。咱们再背对背，各人画各人的城图。”姚广孝也有此意，立刻同意了。

分开的两个军师，都在苦想，怎么才能建成不怕孽龙的北京城。正当两人在苦思冥想时，都听到有个声音在说：“照着我画，不就成了吗！”但这是个小孩的声音，两人心有疑惑，却一时都没有想出要画成什么样的。

第三天，两个军师决定出去想办法。刘伯温走在路上，发现有一个穿红袄、短裤子的小孩在他前面走。刘伯温走得快，那小孩也走得快，刘伯温走得慢，那小孩也走得慢，好像是在引路。等他停下时，那小孩也站住了。

再说那姚二军师呢，他也碰见了这样的一个小孩，姚广孝也捉摸不透这个小孩有什么用意。

回到公馆的两个人，仍然听到了那句话：“照着我画，不就成了吗！”两个人同时都在想，明天再碰见这个小孩，定要仔细瞧瞧他。

第四天两人外出都带了随从，让随从也看看那个红衣小孩。

结果两人都看到了这个小孩，穿的仍是红袄、短裤子；只是红袄有些变化，很像一件荷叶边的披肩，肩膀两边镶着软绸子边，风一吹像是有几条臂膀似的。

刘伯温看了，心里一动：这不是八臂哪吒吗？他想揪住这个小孩，仔细瞧瞧，没想到刘伯温追得快，那小孩跑得更快，只听见一句：“照着我画，不就成了吗！”很快那小孩就跑得无影无踪了。

姚广孝一下子明白了，这画应该画什么样的。

刘伯温心想：八臂哪吒要我照他的样子画城图，那一定是能降伏得住苦海幽州的孽龙的。刘伯温很得意，他想如果姚广孝画不出城图来，就不配当军师！

姚广孝心想：看这个大军师，如果画不出城图，这“大”字得搬搬家！

第十天正午，两人来到城中一个大空场上，空场上摆下两张桌子、两把椅子，椅子背对着放。

两个人落了座，随从摆好了笔墨纸砚，两位军师拿起笔来，唰唰唰地开始画，太阳刚往西转，两个人的城图就都画完了。

姚广孝拿起大军师画的城图来看，刘伯温拿起二军师画的城图来看，俩人都哈哈大笑起来，原来两张城图是一样的，都是“八臂哪吒城”。

于是二人拿着图纸向皇上报告，决定按此图建造北京城。这样便有了北京城叫“八臂哪吒城”的说法。

刘伯温跟皇帝解释说：“这正南中间的一座门，叫正阳门，是哪吒的脑袋；脑袋嘛，就应该有耳朵，瓮城东西开门，就是哪吒的耳朵；正阳门里的两眼井，就是哪吒的眼睛；正阳门东边的崇文门、东便门，东面城门的朝阳门、东直门，是哪吒这半边身子的四臂；正阳门西边的宣武门、西便门，西面城门的阜成门、西直门，是哪吒那半边身子的四臂；北面城门的安定门、德胜门，是哪吒的两只脚。”

乾隆皇帝赐匾“都一处”

研究老字号的历史你会发现，老字号基本都跟古代帝王家有或多或少的联系，其中“都一处”就是借着乾隆皇帝的光，辉煌了一把。可以说没有“都一处”，北京人还不一定知道烧卖是什么。

“都一处”，始创于清乾隆三年（1738 年），起初叫“王记酒铺”，由山西人王瑞福创办，主要经营煮花生、玫瑰枣、马莲肉等小菜，虽然有十几年了，但生意一直平平。

话说有一年的大年三十晚上，天色已晚，老百姓都带着齐

前门大街都一处

备的年货，从四面八方赶回家吃团圆饭，众多店铺也早已关门上板。

前门大街上冷冷清清的，只有王记酒铺还开门营业。历年的大年三十晚上，都有一些落魄失意的人来喝酒，也有出来躲债的。王瑞福和几个伙计支应着店面，也能赚几个小钱。

快到半夜的时候，从店门外进来三个人，他们面带笑容，举止文雅。王瑞福从这三位客人的衣着表情上猜想他们是一主二仆，身份不俗，便热情地引他们到楼上吃酒。

他把店中的洋酒“佛手露”和酒铺自制的拿手凉菜糟肉、马莲肉一齐端上桌来，亲自为三人斟酒，并站在一旁伺候。

他真猜对了，这三人的身份的确不凡，他们是乾隆皇帝和他的两位随从。

乾隆皇帝吃腻了宫里的山珍海味，初次尝到民间菜肴觉得美味可口，他吃着小菜，喝着酒，赞不绝口，不知不觉吃了个酒足饭饱。

乾隆皇帝问身边的伙计：“你们这个酒铺叫什么名字？”伙计说：“小酒铺没有字号。”

乾隆皇帝听着外面鞭炮声声，很感慨地说：“这时候还不关店门的酒铺，京都只有你们一处了吧！就叫‘都一处’吧！”

几天后，有人给酒铺送来一块写着“都一处”的牌匾。

王老板得知当天来的人是乾隆皇帝后，便把御笔书写的“都一处”端端正正地挂在店中。这块匾，黑漆油饰，字贴金箔，煞是气派。

“都一处”从此享名京城，生意火爆起来，遂扩大了门面，增添了菜肴品种，后来以卖烧卖为主，使繁华的前门大街更加风光了。

“都一处”自乾隆皇帝赐匾后，许多人争相来此观看御匾，后来很多中外宾客用餐后都要在御匾前合影留念，这情景一直在延续。

前门的传说的现状

进入 21 世纪以来，农民进城务工的数量剧增，极大地改变了城市居民的构成。以口头方式传播和传承的前门的传说面临着严峻的考验。

不过经政府有关部门收集、整理，现前门的传说共有 50 余则，并已成书出版。

香山传说

遗产历史：900多年

入选情况：第二批北京市级非物质文化遗产名录（2007年）

申报地区或单位：北京市海淀区

香山位于北京西郊，是著名的“三山五园”之一，包括静宜园、碧云寺、卧佛寺、樱桃沟等景区，“燕京八景”中的“西山晴雪”也在此地。

这里文物古迹众多，历史文化气息浓郁，自古以来就流传着许多美丽动人的传说故事，包括景观传说、帝王传说、名人传说及神话传说。

尽管一些故事带有唯心主义色彩，但却反映出人们对美好的追求和对丑恶的鞭挞。

关于香山由来的传说

关于香山的由来一向传说很多，我们这里只讲一个。

传说“香山”得名来源于巨石。在香山的最高处，有两块巨大的岩石，形状神似“香炉”，故而得名“香炉峰”。早晨，远远望去，香炉峰好像香烟缭绕，常出现喷云吐雾的现象。

可能有人会问：为什么在香山上会有状如香炉的石头？

相传在七八百年以前，有个皇帝想在西山一带修建一座规模宏大的庙宇，便下令从全国召集最好的工匠。

在永定河畔，有一位手艺高超的马木匠，他和母亲相依为命。他被当官的抓去建庙，心里却挂念着母亲。每每干完活后，他都爬到山顶上，向着家乡的方向遥望。

有一天下工后，马木匠带着一些香爬到了山顶，想为母亲烧香祈福。可他又困又累，靠在一块大岩石上睡着了。梦中他看见一只金香炉从远处飞来，一直飞到他脚下。他高兴极了，插上香就拜。结果磕头太用力，头

香山香炉峰石碑

碰到石头上，一下子惊醒了。

醒来后的马木匠看到眼前居然真有一只金香炉，他双手捧起金香炉，前后左右看了个遍，然后插上香，朝着家乡的方向双膝跪地，连磕了三个响头，祈求老天爷保佑他的母亲。

马木匠磕完头后，用破衣衫将金香炉包好，转身要往山下走。这时就听到远处有人大呼："救命呀！"

他顺着声音望去，见一只恶狼正在追赶衣衫褴褛的李石匠。他飞奔过去，把金香炉往地上一放，抓住恶狼的尾巴就往后拖。

李石匠得救了，可马木匠却被恶狼咬成重伤，临终之际，马木匠指着一旁的金香炉说："别……别忘了给我娘……"话没说完，他就闭上了眼睛。

工友们把马木匠埋在了山顶上，凑钱买了香插在金香炉上点着，一起朝着埋葬马木匠的地方拜了几拜，最后把金香炉也埋在了山顶上。

后来，为了报答马木匠的救命之恩，李石匠和他的弟兄把那两块大岩石凿成了香炉的形状，从此，香山上就有了"香炉峰"。人们把埋着金香炉的这座山叫作"香炉山"，后来简称"香山"。

红叶传奇

明朝年间，在渤海边的一个小渔村里，住着一位以画画为生的穷书生。据说他画什么像什么，画出的鱼能游，画出的船能划，画出的虫能爬，人们都叫他“画仙”。

穷书生有个青梅竹马的女人，叫海兰，两人订了终身。可谁知，就在他们要办喜事的那天早上，穷书生被从京城来的一伙人抓去了香山。

海兰姑娘哭着喊着追了十多里地，也没追上。原来是穷书生的画被皇上看上了，被抓去在御花园画楼描阁。

穷书生被抓到香山以后，天天想念着海兰姑娘。这天，他坐在山坡上发愁，同村的人给他送来一封信。穷书生看了几眼便皱起了眉头，连声叹息。

原来，穷书生被抓走以后，海兰姑娘在海边哭了三天三夜，被村里住着的大渔霸李福全瞧见了。他见海兰姑娘长得水灵，就打算娶她为妾。

他求了三个媒婆上门提亲，都被海兰姑娘赶了出来。

大渔霸生出一条诡计，说海兰姑娘若在八月十五以前不和他成亲，他就把全村的渔船、渔网没收，再也不许渔民们下海捕鱼。

渔民不能下海捕鱼，就没有了生活来源。海兰姑娘想不出办法来，她算算日子，还有一个月。她便让去京城办事的同村人给穷书生捎了一封信，让他无论如何也要在八月十五以前赶回来。

已经是七月二十七了，穷书生非常着急。他想偷偷逃走，可四周都有当官的看守。他试着去求管事的大老爷，可管事的大老爷把他骂了一顿。

第二天早上，穷书生正在山坡上干活儿，忽听一阵锣响，原来是皇上秋游来到了香山。穷书生无计可施，便硬着头皮去求皇上。皇上一听说穷书生要回家成亲，就出题难为他，说：“朕有一个条件，只要你能在一夜之间，用画笔把满山的树叶染成红色，我就放你走！”

穷书生看着满山的绿树发起愁来，这么多的树，别说一夜，就是一年的 365 夜也染不完呀！但这是皇帝的条件，为了能让海兰不入虎口，他决定试试，就拿着画笔上了山。

穷书生拿着画笔来到山上，他把衣裳一脱，双手挥笔，“噌噌噌”地染起树叶来。他染呀，染呀，染到星星出，染到西天月亮落，才染红了七八棵树。眼看着太阳快出来了，他越想越急，不由得大哭起来。

香山红叶

忽然一朵白云飘到山顶上，接着从上面飘下一条丝带。一群姑娘从树林里走出来。为首的一个姑娘先说了话：“哥哥，我们是天宫里的仙女，听说你要染红树叶，特来相助！”穷书生连连道谢。

她转身对众姐妹说了声：“姐妹们，开始吧。”便从长袖里取出神笔，东一下，西一下，转眼间，满山的树叶全变红了。

穷书生又惊又喜，连声向众姐妹道谢。

穷书生去跟皇帝交差，皇帝一看，满山的树叶真的变红了，只好放了穷书生。但皇帝叫穷书生每年的秋天都要来香山，把所有的树叶染红。

仙女们告诉穷书生只管在家和海兰过日子，一到秋天，她们便下凡到香山染树叶。所以，每到秋天，香山上的树叶都会变红，传说就是仙女们染的。

香山传说的现状

20 世纪 80 年代，海淀区文联及当地的民间文学爱好者开始搜集香山传说，5 年间搜集、整理民间传说 80 余篇。

30 多年过去，香山传说的讲述者已去世，如舒成勋、杨浩、席振瀛等。健在的也大多为耄耋之人，语言表达能力很弱，再去请他们讲述老故事，难度可想而知。

1985 年 6 月，由北京民间文学丛书编辑部与北京市文联图书编辑部合编的《香山传说》，由中国文联出版公司出版，这是第一本以“香山”命名的民间故事集。

从 2006 年开始，海淀区文化委员会等单位积极开展香山传说的搜集、整理、汇编、申报工作。

颐和园传说

遗产历史：200多年

入选情况：第二批北京市级非物质文化遗产名录（2007年）

申报地区或单位：北京市海淀区

颐和园，坐落在北京西郊，距城区15千米，占地约2.9平方千米，是清朝时的皇家园林，前身为清漪园。园内以中国古代神话“海上三仙山”为构思，在昆明湖及西侧的两湖内建造

颐和园昆明湖日落风光

了3座小岛，即南湖岛、团城岛、藻鉴堂岛，以比喻海上的蓬莱、方丈、瀛洲三仙山。

颐和园于清乾隆十五年（1750年）始建，是世界上现存造景最丰富、建筑规模最大、保存最完整的博物馆式皇家园林。

作为拥有200多年历史的著名皇家园林，颐和园具有深厚的历史文化底蕴，其中传说故事便是其独具特色的文化遗产之一。传说故事大多以颐和园为背景，生动形象地展示了人文景观，包括帝王将相、神人鬼怪等内容。

朱棣修建好山园

好山园是清漪园的前身，修建于明朝永乐年间。

年老的朱元璋把皇位让给了大儿子，可圣旨刚下，大儿子就“暴病”死了。按惯例，皇位应该由长孙继承，所以朱允炆当了皇上，史称建文帝。

建文帝有24个叔叔，他们个个不服气。恰好蒙古发兵进犯中原，建文帝就派自己的叔叔领兵打仗，可是派谁谁都有理由不去。

有个大臣出主意说：“您是皇上，要用皇上的名义下旨，他们要是违抗圣旨，就杀头。”

建文帝一想也对，自己是皇帝呀。结果他把抗旨的4个叔叔全杀了。

几个皇叔很气愤，他们串通起来，发兵要除掉建文帝。领头的就是朱元璋的第四子朱棣。

病重的朱元璋忙派人把朱棣找到床前对他说："现在只有你可以制止兄弟、叔侄之间互相残杀。"

朱棣忙对父亲说："我们这次起兵是遵照父皇的圣训，清君侧，诛奸臣。您放心，我不会伤害允炆的。"

朱元璋让人捧过两个盒子来。一个盒子里面有一个金印，上面刻着"定国安邦"4个字。另一个盒子里也是一个金印，上面刻着"大明永乐"4个字。

看朱棣疑惑的样子，朱元璋说："我交给你的'定国安邦'印，是镇国宝玺，有了它就能保证我们大明江山不落入外邦手中。另一个印的'大明永乐'就是你继承皇位的年号。我的遗诏中写了把皇位让给你，我死后谁若不服，你都有权力杀掉他。将来如果你当了皇上，就把国都迁到北京去吧。"

朱元璋死后，朱棣制伏了哥哥们，并把建文帝秘密地抓了起来，然后迁都北京城。

这一年的春天，朱棣领着文武大臣和妃嫔们到瓮山游山玩水。只见瓮山泊浩渺十里，白浪滔天，瓮山上树木成林，郁郁葱葱。

他登上巨大的龙舟在瓮山泊上游荡，周围有无数的飞鸟不停地飞着，似天上派来护驾的士兵。他心中十分高兴，众人在舟上享受酒宴，并有宫乐响起。大家正在兴头上，忽然狂风大作，刚才还平如明镜的湖面上翻起了大浪，一排浪打来，把龙舟掀了个底儿朝天，所有的人都掉入水中。

朱棣咕咚咕咚喝了几口水，无力挣扎，他心想：完啦，这回非死不成。

忽然间，他觉得自己并没有继续沉下去，而是被什么东西托出水面，仔细一看，是一条巨大的红鱼在驮着自己，把他送到了岸上。

朱棣到了岸上，发现所有的大臣、嫔妃全在等着他。问过得知，他们也是被鱼救到岸上的，只不过是黑鱼、绿鱼、白鱼救的。

回到宫里，朱棣总想着鱼救人的事，忽然他想到了被建文帝杀死的四个弟兄，他们平日里一个喜欢穿红袍子，一个喜欢穿黑袍子，一个喜欢穿绿袍子，一个喜欢穿白袍子，这四种颜色的鱼不正像自己的四个弟兄吗？看来是他们的魂魄不散，来解救自己的。

于是，他下令在瓮山上盖一座寺庙，御笔亲题为“圆静寺”，里面供着四个兄弟的牌位，还建了四座塔——一座白塔、一座黑塔、一座红塔、一座绿塔，象征着他们永远不死。除此之外，还修建了许多楼、台、殿、阁，并把瓮山改为“好山园”，意思是大明的江山永远不败。

知鱼桥

颐和园里有一座结构精巧的小园，叫谐趣园。园中有座横跨湖面的汉白玉“知鱼桥”，传说这座桥不是工匠们修的，是神仙留下的。

乾隆皇帝常下江南，他偏爱江南的建筑，回来后就下旨在北京的万寿山下仿照无锡惠山的寄畅园，造一座园中之园。

手下听令的官员就召集了成千上万的能工巧匠会集在万寿山下，众人移去北方松柏，种上南方翠竹，湖边是五彩画廊，殿前是白玉雕栏。造好的园子叫谐趣园，风景优美，赏心悦目，美丽异常。

园子建好后，乾隆皇帝经常在园子里和大臣赏景喝酒。有一天他酒后作诗：人说苏杭赛天堂，我说此园胜苏杭。乐在此园当园主，哪个稀罕做皇上。

这诗很快传到在东海蓬莱岛修炼的两个仙人的耳朵里。开始，他们不信，心想：谐趣园再美，还能美过蓬莱仙境？

他们听多了，不由得想前去看看。

在一个月白风清的晚上，两位仙人骑着丹顶白鹤，离开蓬莱岛，来到谐趣园。

两位仙人看到园子里的美景，也是大声赞叹。

高个老头说：“仙兄，我一直以为咱蓬莱的景色无与伦比，今天才知道，这人间的谐趣园并不比蓬莱差。”

矮个老头说：“你说得对，如此胜境，令人大饱眼福。不过，这园子在愚兄看来，还有美中不足之处，这湖面还应该加点儿什么，像现在这样，显得有点儿空旷。”

说完，他把手里的龙头拐棍儿朝天上一扔，霎时祥光四射，云气蒸腾，那拐棍儿化作一条白龙，在谐趣园上空飞了几圈后，就一头扎进湖里，龙身子变成了一座汉白玉的石桥，龙头变成了桥头的石牌坊。

湖上多了这座桥，就像画龙点睛一样，谐趣园显得更美了。

知鱼桥石牌坊

"言之有理，确实更美了。"高个老头说，"此桥的妙处，离近了看得更清楚，咱们去桥上走走。"

两个仙人走上石桥，湖水里的鲤鱼游来游去，欢乐异常。

矮个老头说："世人都说神仙好，其实咱们哪有这水中的游鱼自在，你看它们玩得多高兴啊！"

高个老头抬杠道："你又不是鱼，怎么知道鱼玩得高兴呢？"

矮个老头也不示弱，他反问道："你又不是我，怎么知道我不知道鱼玩得高兴呢？"

这时候，藏在太湖石后边的一个老太监笑了起来。

两个仙人受了惊，瞬间化作两朵祥云飞走了。

天亮后，乾隆皇帝来到谐趣园，发现湖上多了一座漂亮的石桥。老太监忙把夜里发生的事，一五一十地说了一遍。

乾隆皇帝这才恍然大悟，原来是谐趣园的美景感动了

谐趣园

神仙。他走到桥上，提笔在石牌坊上写了“知鱼桥”3 个字。

颐和园传说的现状

20 世纪七八十年代，张宝章、严宽、崔墨卿、常利民等通过寻访，采集到许多优美动人的传说，并将搜集到的故事整理成优美的文字，向人们讲述了一个个极富传奇色彩的故事，也为 20 多年后海淀区申报非物质文化遗产打下了良好的基础。

从 2006 年开始，海淀区文化委员会等单位积极开展颐和园传说的搜集、整理、汇编、申报工作。

圆明园传说

遗产历史：200多年

入选情况：第二批北京市级非物质文化遗产名录（2007年）

申报地区或单位：北京市海淀区

圆明园始建于清康熙四十八年（1709年），后历代清帝不断修建扩展，前后历时近200年。鼎盛时期的圆明园，全园面积约3.5平方千米，包括150多个景观，有“万园之园”之称。

圆明园坐落于北京西北部，是历代清帝日常生活起居、朝会听政、接见王公大臣和外国使节的地方，曾于清咸丰十年

圆明园盛时全景模型展示图

圆明园大水法遗址

（1860 年）和光绪二十六年（1900 年）先后遭受英法联军和八国联军的洗劫焚毁。

传说主要分布于圆明园一带的村落与旗营之中。在众多圆明园传说中，关于雍正皇帝、乾隆皇帝、慈禧太后的传说无疑占据了相当的篇幅和地位，圆明园传说在圆明园周围百姓间代代流传。

围绕着圆明园的修建历史、园林建筑、人物风情、趣闻逸事、帝后野史，产生了大量民间传说和故事。

圆明园里的青蛙为什么不叫

每到夏天，处处都能听到青蛙的叫声，这也是夏日的一景。但你知道吗？有一个地方的青蛙就不叫。这就是圆明园里的青蛙。

圆明园最开始是雍正皇帝开辟的夏宫，每到夏天来临，雍正皇帝就带领皇后和嫔妃一起来到此地游玩避暑，圆明园里的景致优美，令人赏心悦目。

乾隆皇帝继位以后，和雍正皇帝一样，也常来这里赏景和游玩。

有一年的夏天，早朝散了以后，乾隆皇帝来到了方壶胜境。

来到方壶胜境的乾隆皇帝，由于疲惫，想小睡一会儿，恢复一下精力。就在他刚刚有睡意的时候，忽然从院中传来几声鸟叫，惊醒了他的睡意。

乾隆皇帝生气了，便传来御前总管太监，劈头盖脸一顿责骂。

乾隆皇帝骂完后，便传旨下去，说以后他午休时，要是再

“数字圆明园”中的方壶胜境图

听到有鸟叫，就罚款 , 叫一声罚俸银一两，总管太监吓得牢牢记住。

总管太监去找和珅讨主意，和珅让总管太监在皇帝寝宫四周安排 4 名小太监，每人配长竿一根，每逢鸟在枝头欲落未落之际，就挥动手中竹竿把鸟轰走。

4 名小太监按这个方法一试，果然灵验。从此，乾隆皇帝午休再也听不到鸟叫了。

乾隆皇帝一高兴，总管太监还被赏了五两白银。

可是好景不长，鸟的叫声没有了，福海里青蛙的叫声又扰到了皇帝。

乾隆皇帝马上传下圣旨，说如果以后再听到福海里有青蛙叫声，让总管太监提头来见。

总管太监吓得一夜没睡着觉，愁得茶饭难以下咽，也没想出办法来。

正好碰到太医院张太医进寝宫给皇帝把脉看病，总管太监看张太医给皇帝看完病了，就把张太医请到了自己的住室，关上屋门后立刻跪下，说："张太医救命。"

张太医赶紧搀起了总管太监，问他为什么事，要行此大礼。

这时总管太监说出了青蛙叫声惊驾一事。

张太医听完事情始末，说："不用担心，我有办法，等我到太医院配一服哑药，煎好后让小太监往福海里一洒，便万事大吉了。"

总管太监听后心中大喜，乖乖地给张太医封了一包银子，让一个小太监随张太医去太医院取药。

药取来以后，总管太监按照张太医所传授的方法把药煎好，沿福海四周洒了一遍，到夕阳西下的时候，此起彼伏的蛙声再也没有了。

从此，圆明园里所有湖里都洒上了哑药。

一直到 200 多年后的今天，圆明园也听不到青蛙的叫声，据说是因为这种药破坏了青蛙的声带。

足不出户，便知天下事

据载，雍正皇帝在位期间，很少出京巡游，大多是待在宫中和圆明园里处理朝政，批阅奏折。

但足不出户，似乎也不是一个皇帝应该做的事。

一国之君，既要晓知民情，又要掌握朝廷内外的大事小情，还要做到运筹帷幄，决策千里。这些雍正皇帝不但做到了，而且做到了极致。

大家都说这个雍正皇帝怎么这么神呀！

据说雍正年间，每个封疆大吏在上任之前，雍正皇帝都会将他叫到跟前亲自训勉，并交给他一个上了两道锁的小木匣子，每道锁的钥匙只有两把。雍正皇帝一把，拿木匣的封疆大吏一把。

雍正皇帝要求封疆大吏不定期地把一些重要情况写成折子，放在密折匣里，秘密送给雍正皇帝。雍正皇帝亲自打开御览，再用红笔批示完，放回木匣内密封，送回启奏人。折子涉及的内容极为广泛，上自军国要事，下至身边琐事，无所不容。

康熙年间就有密折官员上百人，雍正皇帝把写密折的官员增加到了1200人以上。朝廷上下有这么多的官吏给雍正皇帝写密折，雍正皇帝还有什么不知道的事情呢！

雍正皇帝对密折所做的朱批，语言多姿多彩，有时一本正经，有时嬉笑怒骂，甚至不避俚语村言。

他在密折中告诫臣子要节省纸张，写道："一折一封岂不浪费""便三四折一封又何妨"等。雍正皇帝在这4万多封密折上，竟然写下了1000多万字的朱批，这些密折朱批，占用了他在圆明园的大部分时间。

他用密折的方式来防范下臣们的相互勾结和蒙蔽，以及体

红漆皮奏折匣

察朝臣们的细微动向。传说雍正皇帝刚继位不久，有一天，一个官员买了一顶新帽子，就这样一个小小的动向，也被人密奏给了雍正皇帝。

第二天早朝，在“免冠谢恩”的时候，雍正皇帝笑着对这个官员说：“别把你的新帽子弄脏了。”这个官员十分惊讶，皇上怎么知道他新买了一顶帽子呀？心想以后做事要更加小心了。

还有一次，清康熙四十五年（1706 年）的状元郎、当朝翰林王云锦，当日退朝后，和几个朝臣同僚相约一起玩叶子戏。叶子戏也就是一种纸牌，牌面似柳叶大小。玩了几把之后，忽然丢了一片“叶子”，几个人四处寻找，也没找到那片丢失的“叶子”，都觉得挺怪的，就这么点儿地方能掉哪儿去呀？但也只好作罢，散去回家了。

第二天一上朝，雍正皇帝就问他：“王爱卿，昨日退朝后，去哪里消遣了？”王云锦如实回答：“回万岁爷，臣昨日下朝后，和几个朝臣一起玩叶子戏了，没玩几把，就丢了一片‘叶子’，然后就散了回家了。”

雍正皇帝笑道：“背地里的小事，都不欺瞒，果然是状元郎。”说完，雍正皇帝从袖子里拿出王云锦他们昨晚丢失的那片“叶子”，对他说：“拿回去吧，继续玩完昨天的那把叶子戏吧。”

王云锦看着皇帝手中的那片“叶子”，惊得目瞪口呆，不知如何是好。

原来啊，一直有人说王云锦做派诚实，丝毫不欺，颇有状元风范。雍正皇帝当朝后，想试探一下真假，就让奏密折的大臣做了这么一个局，考验一下王云锦，果然名不虚传。

雍正皇帝的密折，为他的执政提供了大量准确的信息。雍正皇帝真正成为历史上一位足不出户，便知天下事的皇帝。

圆明园传说的现状

随着人口的流动、娱乐方式的转变，与其他民间文学一样，圆明园传说也正面临着前所未有的生存挑战。

20 世纪 70 年代，能够讲述圆明园传说的老人数以十计，但是现在，能够完整讲述这些传说的人已越来越少，甚至知道圆明园传说片段的人也越来越少。

2004 年，甄玉金、户力平主编的《圆明园传说》，收集了数十篇圆明园传说，此书为第一部以“圆明园传说”为名的圆明园传说集。2005 年，北京市海淀区文学艺术界联合会、北京市海淀区文化馆，在原有工作基础上，经过深入的民间采风，进一步对圆明园传说进行了系统的收集、整理，并按照申报非物质文化遗产的程序，准备材料，摄制申报短片。

凤凰岭传说

遗产历史：100多年

入选情况：第三批北京市级非物质文化遗产名录（2009年）

申报地区或单位：北京市海淀区

凤凰岭旧称老爷山，地处北京西北郊，有“京西小黄山”之称。此处奇峰怪石遍布，寺庙遗迹众多，相关的传说有人物传说、景观寺庙传说、风物传说等，各类传说中都有大量的神仙鬼怪形象。

凤凰岭由来的传说

凤凰岭层峦叠嶂，林木苍翠，四季分明，景色秀丽。凤凰岭有数不清的民间传说与故事，其中最广为流传的就是我们下面要讲的这个故事。

很久以前，北京周边有个地方叫幽陵。幽陵的山下，有一个诸侯国，这个国家生长着一种叫“蓟”的野草，因此被称为蓟国。

蓟草里面藏着一种叫“洋刺子”的害虫，这种害虫呈绿色，长白毛，能喷出一种毒液将人毒晕，然后再把浑身细细的白毛刺入人体内，用尖嘴吸人血。一旦被它们附在身上，就很难摆脱掉。每天夜里，它们成群结队地爬到山坡上的村庄里去危害百姓。蓟国的老百姓不堪这种毒虫的侵袭，纷纷背井离乡，到处流浪。

此事被王母娘娘知道了，她就命令百鸟之王凤凰飞往蓟国。临行前王母娘娘要求凤凰务必在八月十五月圆之前回到昆仑山，如果延误了，就犯了天规，永远回不到昆仑山了。

凤凰接到旨令，来到蓟国，在沼泽地里到处捕杀害虫，连

龙泉寺

续干了几天几夜，不知不觉就到了八月十五的清晨。

“洋刺子”见到凤凰这么厉害，非常害怕，纷纷向深山里逃去。

凤凰看到此种情况，心想：是在月亮未出现之前回到昆仑山，还是趁着害虫立足未稳都消灭完呢？

想到百姓正在流离失所，凤凰决定把害虫捕杀完再回昆仑山。凤凰冲上山头，站在那里，左一只，右一只，害虫纷纷被它吞下肚。正吃得高兴，太阳下山了，月亮升上了天空。月亮一升上天空，凤凰的金色翅膀便暗淡了下来，再也飞不起来了。

老百姓见“洋刺子”被消灭了，纷纷向凤凰烧香、磕头，感谢凤凰为他们消除了灾难。

精疲力竭的凤凰飞不起来了，变成了一座高山，就是现在的凤凰岭。

每年八月十五，人们为了感谢凤凰，都要向凤凰岭烧香、磕头，感谢凤凰让人们摆脱苦难。

没有了“洋刺子”，人们开垦土地种上庄稼，凤凰岭山下成了非常富足的地方。直到今天，凤凰岭山下的害虫也非常少。

凤凰鸣声与十二音律

凤凰岭曾被称为中国音乐的起源地、中国音乐的故乡。这个说法起源于一个传说。

据说黄帝与蚩尤经常打仗，蚩尤战败后，他的部下归顺了黄帝。

蚩尤的部下中有个叫伶伦的人，他平时喜欢吹竹管。他把厚薄均匀的竹子做成竹管，又在管上钻几个洞，没事的时候就吹，能吹出高低不同的声音。

黄帝听了他的吹奏，对他说："吹得没有韵律，你如果喜欢，就找个清静的地方，再好好练练。"

北京昌平附近的军都山很清静，伶伦就去了那里，他每天琢磨练习吹奏。

这天，黄帝在军都山附近骑马，听到了笛声，笛声杂乱、刺耳。黄帝的耳朵快被震聋了，骑的马也惊叫不止，四蹄腾空，黄帝被摔了下来。

原来吹笛子的是伶伦，他看到地上的黄帝，马上跑过来跪地谢罪。

黄帝看着跪地的伶伦，叹了口气说："树林里的鸟，叫声悦耳，你的笛声却像噪声，都能把我的马吓惊，想想你这笛声有多难听。你再好好想想，怎么能把笛声吹得如鸟鸣叫般好听。"

伶伦记住了黄帝的话，心想：黄帝认为鸟叫的声音好听，那我就去找个鸟多的地方吧。

伶伦来到了凤凰岭，他知道这里的鸟非常多。到了凤凰岭，他有些疲惫，就找到了一棵大树，打算靠在树边休息。

他想着黄帝的话，努力去琢磨鸟的叫声。不知过了多久，他有些困意，就睡着了。

忽然，一阵美妙的声音将他从睡梦中惊醒。伶伦睁眼一看，发现眼前梧桐树上站着一只长颈、长腿、长尾巴的大鸟。它的身边有几百只小鸟围着它，欢快地叫着，叫声错落有致，婉转动听。伶伦心中一动，他拿起竹笛，模仿起鸟叫的声音，不断地改进自己的笛声。

从此，他每天吹笛，每天听鸟叫，一天比一天吹得好听。慢慢地，他发现聚集在他身边的鸟越来越多了。再后来，鸟不飞了，他的笛声能加入百鸟朝凤时的和鸣。

他迫不及待地去轩辕台见黄帝，当黄帝听说他能用自己的笛声参加百鸟的和鸣，马上令他吹奏。

黄帝听后，沉思片刻，说："有进步，但是你现在吹的只能叫'音'，不能叫'乐'；你见到了'凤'，没有见到'凰'，现在谈成功，还尚早。还要继续努力。"

伶伦于是返回到凤凰岭，还是靠在那棵树下，还是每天听鸟叫，他的笛声每天都在改变，从春到冬，又由冬到春，年年反复练习。

这年的八月十五，凤凰双双飞到梧桐树上。它们听了伶伦和百鸟的和鸣之后，凤先叫 6 声，之后凰也叫 6 声，最后凤凰再合叫一遍。

凤声高亢明亮，可作"六律"；凰声婉转轻柔，可为"六吕"。伶伦将凤凰鸣叫的 6 个声音，加上其他鸟叫的声音，与自己的体会融在一起，创造出了中国音乐的 12 个音律。

凤凰岭传说的现状

经多年访录，凤凰岭传说目前已整理 80 余篇，并已结集出版。这些传说保存了凤凰岭的历史，反映了当地人民的真情实感，有一定的民俗研究参考价值。传说增加了景点的趣味性和丰富性，一定程度上也促进了对景区的保护，避免过度开发对传说相关景点的破坏。

张镇灶王爷传说

遗产历史：约4000年

入选情况：第二批北京市级非物质文化遗产名录（2007年）

申报地区或单位：北京市顺义区

灶神画像

灶神又称灶王爷，旧时家家灶间都设有“灶王爷”神位，人们称这位尊神为“灶君司命”。他负责管理各家的灶火，也就是厨房之神，十分受人们的尊崇。

灶神是汉族民间最富代表性、具有广泛群众基础的神，寄托了汉族劳动人民一种辟邪除灾、迎祥纳福的美好愿望。

祭灶是我国极为古老的一项民间习俗，早在夏朝时期就已出现，祭灶对象则为著名的民间神灵灶王爷。祭灶后来与小年合二为一，成为我国一个重要的节日，而灶神也寄托了中国人对美好生活的向往。

灶神之起源甚早，商朝时就已开始在中国民间供奉。

灶王爷的由来

农历腊月二十三是中国民间传统的祭灶日，又称“小年”。从这一天开始，扫房子、剪窗花、贴春联等过年的习俗开始操办起来，祭灶更是一系列仪式当中的重头戏，这标志着家家户户开始准备过年了。

每年腊月二十三天这天，民间百姓有给灶王爷送“糖瓜”的习俗。老百姓认为，只要灶王爷吃了百姓的糖，心里就会高兴。他一高兴，嘴就会甜了。等他见到玉皇大帝时，只记得要替百姓说好话了。

关于灶王爷的民间传说很多，而在北京地区流传最广的传说，就是灶王爷来自张镇。

张镇是北京市顺义区下辖镇，地处顺义区东部。

古时，在张镇张各庄村有个农民叫张单，他不幸染上了瘟疫。他知道自己的病治不好，便把家里的食物全部留给了妻子，自己四处讨饭。时间久了，身上的衣服特别脏，他不好意思在桌上吃饭，便去灶膛边吃。后来，他饿死在灶前。玉皇大帝知道后，感叹他的心肠好，特封他为“灶神”。

还有一种说法是：灶王爷本姓张，家住张各庄，生在红牛岗。

传说古时候一次天降雷电造成张镇贾家洼子东南的红牛山燃起大火，红牛山一片火海。石虎山的老虎看见有一只老虎被火烧死，怀疑是红牛山的牛杀死了老虎，便来到红牛山与牛在火场厮杀起来。

当时，牛与虎都不知火的厉害，就在火场一起拼杀，它们身上的皮毛很快燃烧起来。牛与虎在争斗，就像是两个火球在相互撞击。不一会儿的工夫，牛和虎都被火烧死在红牛山上。

远处观看牛虎大战的人群，都不敢到红牛山去看，只有一个人在大火过后小心谨慎地走到跟前观看。

在接近被火烧死的牛和虎时，他闻到一股香味。这个人已经两天没找到食物了，饿极了，看见被烧得流油的牛，他拽过一只牛腿就大口大口地吃了起来，心想：真香。

过了一会儿，后面的人也过来了，见他吃，没说话，也抄起一块肉吃了起来 。

这几个人饱餐了一顿人类有史以来第一次熟食，那第一个到火场的人，提出要保存火种，不让这里的火灭掉，下次找来食物还是烧着吃。

几个人马上行动，找好地方，开始挖坑，坑挖好后，就去把余火存到坑内。他们还不放心，又去找了一些树枝，捡了一些野兽的残骨，然后把这些都放在火坑里。弄完这一切，他们又找来一些草和树叶，铺在上面，在上面再盖上土。因为他们用这样的方法来保存火种。“灶”就在红牛山上诞生了。

第一个提出保存火种的人，人们称他为“灶王”。大家去打柴、找食物时，他负责看着“灶”。

“灶王”的名字叫张单，这是后人起的。

据说“灶王”还见到了玉皇大帝，这个说法有个顺口溜可以证明：“灶王老爷本姓张，上天拜见张玉皇。”

金漆灶神位

玉皇大帝对前来的灶王说："你不用拜来不用慌，咱们两个是老乡，我家住在渔阳张各庄，生在红牛岗的山坡上，吃的是凉水泉畔的米和粮，拼杀多年历经八十一难，才来到天上当玉皇。"

灶王一听，心也落了地，不再害怕玉皇大帝了。

玉皇大帝又说："你在人间发现了火，懂得用火烧食，用火战胜野兽，人类由此才能安居，你的这个贡献很大，我给你提一格吧。以后你就是人间的灶神，以天帝特派员的身份管理监督人间的言行，每年腊月二十三，把搜集到的好话和坏话来传达给我。"

从此，地上有了灶王爷，一些统治者把灶王爷吹得神乎其神，令人生畏。

民间流行着一首俗曲："腊月二十三，呀呀哟，家家祭灶，送神上天，祭的是人间善恶言。"

这首俗曲，让老百姓信奉灶王爷，祭拜灶王爷。人们每年给灶王爷上供：灶前摆着一张方桌，桌上放着元宝、茶水、糖果、糕点等。

祭拜的人嘴上还念念有词："不求大富贵，不求吃穿多少，替我美言多多，恶事替我隐下。"

其实人都会犯错，只是怕受惩罚，才去祭灶，希望灶王爷保佑自己，求得一些心理安慰。

后来，轩辕黄帝、神农氏、火神祝融等都曾被人类尊为灶神，其中以祝融作为灶神被祭祀的时间最长。

张镇灶王爷传说的现状

张镇灶王爷传说体现了当地人民对美好生活的憧憬，灶一直是家庭的象征，分家要分灶。同灶则意味着共同居住，进而共有财产。传承灶王爷传说及其文化，是对家庭的回归，也是对民族的回归。

当地政府结合传说，在顺义多次举办灶王文化节活动，除了祭灶仪式、滑雪表演外，在非遗大厅内还展出了近百幅灶王年画。同时，还有刘氏风筝、九连环、木版年画等传统手工艺品及灶王糖果大礼包、灶王十二生肖钥匙扣等灶王文创产品，大力推广灶神文化。

2017 年，张镇被国家体育总局批复为首批国家运动休闲特色小镇试点，实现文化与旅游的深度结合。

仁义胡同传说

遗产历史：600多年

入选情况：第二批北京市级非物质文化遗产名录（2007年）

申报地区或单位：北京市平谷区

仁义胡同现完整保存于平谷旧城街，由仁义胡同而得名的仁义村（今和平街村）至今仍在，是远近闻名的“和谐礼让”之村。

据史料记载以及相关历史文物证明，仁义胡同的主人公金、倪两大家族，确为明代时平谷两大名门望族，其后人现仍有部分居住在仁义胡同中。

仁义胡同传说

“百里捎书为堵墙，让他一墙又何妨？”这句流传自明代的话出自仁义胡同传说，至今仍被人津津乐道，反映出邻里和睦、互相谦让的精神。

仁义胡同长 80 多米，居民多以金、倪两姓为主。胡同北端留有青石垒砌的围墙基础，有面墙上嵌了一块“泰山石敢当”石刻。从诸多遗迹来看，这里过去住着的是大户人家。

相传在明代时，有金、倪两位尚书的亲戚住在这里，两家只有一墙之隔。有一年下大雨，两家中间的院墙倒了，在修复院墙时两家起了争执，互不相让。金家说倪家多占了金家的一尺宅基地，倪家说自古以来，这就是倪家的。两家互不相让，争持不下。于是各自修书，请朝中大官亲戚为自己撑腰。

仁义胡同“泰山石敢当”石刻

金大人接到书信后心想：“我和倪大人

仁义胡同石碑

一朝为官，又是同乡，为了一尺墙伤了两家的和气也太寒碜了。”因此急忙提笔给家中写了一封书信，信中写道：“百里捎书为堵墙，让他一墙又何妨？万里长城今犹在，不见当年秦始皇。”

倪大人看到书信后，也有同样的想法，他也给家中写了应该“礼让”的书信。

两家接到书信后，都十分惭愧，不但不打架了，而且各自向里退让一尺，留出一条约 2 米宽的胡同，邻里见状无不称赞，起名“仁义胡同”，供众人走路。

仁义胡同的故事流传 600 多年之久，金、倪两家谦和礼让的故事也从街谈巷议逐渐变成民间传说，在当地人中口耳相传至今。

此胡同附近的居民，得此教益，多少年来，和睦相处，互敬互让。邻居之间，兄弟之间，有什么问题均以礼相让，协商解决。

至今，仍可在 1934 年《平谷县志》中的一张平谷县城图中找到仁义胡同的名称和明确标识。

如今走进这条长 80 多米、宽 2 米左右的胡同，看见大多是几年前才盖的砖瓦房，有 20 户的样子，一户户山墙紧挨着。胡同南侧路边立着一块石碑，上书“仁义胡同”几个大字和非物质文化遗产标志。

仁义胡同传说的现状

仁义胡同传说更多的是在当地年长的老人中口耳相传，但现代传媒方式的兴起，一方面使得传说面临流传不畅的尴尬局面；另一方面仁义胡同旧址在城市建设改造中受到冲击，亟须在整个城市规划中重点保护，以便为传说的流传提供相关文化空间；同时还需要进一步搜集与仁义胡同相关的习俗及传说，充实仁义胡同传说的内容和社会意义。

仁义胡同传说于 2007 年被列入第二批北京市级非物质文化遗产名录，其传说故事也被编排成评剧小戏《十二尺巷》。

“仁义胡同”这个名字一直沿用到 1975 年。其后将北门大街、仁义胡同、北关路合并，更名为北大街。因为这条街径穿旧城北门故址，1981 年又改名为北门街。

轩辕黄帝传说

遗产历史：4000多年

入选情况：第二批北京市级非物质文化遗产名录（2007年）

申报地区或单位：北京市平谷区

黄帝，古华夏部落联盟首领，中国远古时代华夏民族的共主，五帝之首。

史载黄帝因有土德之瑞，故号黄帝。据大量的历史记载和

轩辕黄帝陵石牌坊

文物佐证，黄帝统一天下，奠定中华，肇造文明，惜物爱民，被后人尊为中华人文始祖。黄帝部落在从姬水向东发展的过程中，继承了神农以来的农业生产经验，将原始农业发展到高度繁荣阶段，使本部落迅速发展壮大。因他发明了轩冕，故称之为轩辕。

黄帝在位期间，播百谷草木，大力发展生产，始制衣冠、建舟车、制音律、作《黄帝内经》等。

平谷区山东庄村西边的庙山上有一处黄帝陵，在当地，围绕黄帝生平与黄陵风物的很多传说流传至今。

黄帝乘龙升天见天帝

黄帝是一位非常贤明的君王，他曾经为了民族的生存，打败了入侵者蚩尤。

黄帝还是一位发明家，一生有许多发明，他发明了舟车、历法、算术、音乐等，晚年的时候，他又发明了鼎。黄帝没想到，他因为发明了鼎，还被天帝叫上了天庭。

传说当第一尊鼎被铸造出来时，天空灿烂无比，处处闪着金光。金光里走下来一条龙，它浑身金光闪闪。

黄帝正和群臣庆贺，看到这条威武的龙，不敢说话。

只见这条龙向黄帝走来，说：“天帝得知你的发明，心里高兴，特派我来接你去天庭见他。”

黄帝高兴地跨上龙背，对群臣说：“我要去见天帝了，你们等我回来。”

群臣也想去，他们争着说：“带上我们吧。”

他们蜂拥而上，也想爬上龙背。可是龙不高兴带他们，重重地把他们摔到了地上。

金龙带着黄帝快速飞上天空，一下子就消失在云雾中了。

群臣没有办法，只好眼睁睁地看着黄帝升天而去。

大臣们心想，看来并不是每个人都上得去的啊！只有像黄帝那样伟大的人，才有资格呢！

后人为了纪念这位帝王，就把黄帝升天的地方叫作“鼎湖”。

黄帝遗珠

黄帝经常到昆仑山游玩。有一次他从赤水经过，又到昆仑山游玩，回来的时候，一不小心把一颗他最珍爱的又黑又亮的宝珠丢落在赤水旁了。黄帝心里很着急，他先是派了一个聪明绝顶的叫知的天神去替他寻找这颗宝珠，知去找了一遍，全无踪影，只得空着两只手向黄帝报告寻找结果。

黄帝又派天神离朱去找宝珠，离朱是昆仑山上看守琅玕树的天神。他有6只眼睛，每只眼睛都很明亮，通常细如秋毫都能看到。可这次他找了一圈，宝珠踪迹全无。

黄帝很失望，可宝珠必须要找到，于是他再派一个名叫吃诟的天神去找宝珠，这个天神以能言善辩出名。吃诟细细查找了一遍，也失望而归。

轩辕庙遗址三皇殿黄帝雕像

最后，黄帝派出了那个神国闻名的粗心大意的天神象罔。象罔领了旨令，来到了赤水岸上。他不经意地扫向四周，就发现那颗黑而放光的宝珠在草丛里卧着呢。

象罔回去后，把宝珠交给黄帝。黄帝看到这颗失而复得的宝珠，非常高兴。他没想到这个粗心大意的人，竟把宝珠找回来了，一时间就感觉他是个能干的人，于是把这颗宝珠交给象罔保管。

而象罔呢，却没表示出郑重的样子，随手把宝珠往大袖子里一塞，就走了。以后的日子里，他仍是那样的粗心大意，没有丝毫改变。只是他保管宝珠的事，让震蒙氏的女儿知道了，这个女孩用了点心计，就轻松地把这颗宝珠骗了去。

黄帝得知情况后，在懊恼之余，派遣天神去追捕震蒙氏的女儿。震蒙氏的女儿怕受罚，便把宝珠吞进肚里，跳进了汶川，变成了一个马头龙身的怪物，名叫“奇相”。从此以后，她就做了汶川的水神。

阪泉之战

黄帝统一华夏的过程中，与炎帝部落在阪泉进行了一次战争。

战争发生的时间是神农氏时期之末。当时全盛时期的氏族制度早已走向衰落，为了应付越来越多的战争，先是亲属部落联合在一起，结成联盟，进而又结成范围更大的联合体，武力强大的黄帝部落用暴力征服不顺从者，根据“以力为雄”的原则，成为享有很高威信的“酋豪”，很多较弱小的部落纷纷投靠，以求得保护。

此时的炎帝部落也在四方征讨，扩大自己的势力，同样想占有雄者的地位，因此，两强相遇，黄帝、炎帝间终于发生了阪泉之战。由于参战的两个部落都有很强的实力，战争的规模颇为壮观。

黄帝和炎帝都想打败对方赢得主导地位，便开始调动本部落的力量，还四处招揽盟军。准备好的黄帝先出场了，他率领的“熊、罴、狼、豹、貙、虎”六部军队，每队人马都拿着以自己的崇拜物为标志的大旗。黄帝也持一面“大纛”之旗，杀气腾腾地来到阪泉之地。

炎帝动作更快，马上用火围攻，来势凶猛。轩辕城外浓烟滚滚，看不见天日。有双翼的应龙看到城中的百姓受难，便用水扑灭了火焰。炎帝被迫退回阪泉之谷，黄帝通过交战，发现炎帝也是有智慧的人。黄帝对他在医药方面的才能和农耕方面的技术很仰慕，便告诉大家，和炎帝打斗，不许硬拼，不要伤他的性命。

在阪泉河谷中，两人又开战。黄帝摆开了星斗七旗阵，此阵法威武无比，炎帝无计可施，战败后，躲回营内休整。

黄帝故意在炎帝营外摆阵练兵，每天操练星斗七旗阵的阵法。炎帝的士兵不懂，心存怯意，不敢出战。炎帝利用崖头作屏障，暗自观望阵势，自认为不敌，也不敢出来应战。

3 年过去了，黄帝表面上操练兵法，其实他一直派兵日夜掘地，早将洞穴挖到炎帝阵营的后方。这一日，时机已到，黄帝兵将突然蹿出，偷袭了炎帝阵营，活捉了炎帝。炎帝对黄帝心服口服，发誓不再与黄帝抗衡。

阪泉之战促使中国政治制度发生了划时代意义的历史变革。

轩辕黄帝传说的现状

黄帝的传说故事，几乎家喻户晓，妇孺皆知，这些赞颂黄帝功德、弘扬黄帝精神的传说故事伴随着民众的生活，被一代代传承下来。黄帝的传说故事是黄帝文化的重要内容，通过这一系列的传说故事，会更加凸显中国人的民族精神和民族特性。

黄帝作为中华民族的人文始祖，是民族历史和民族英雄的象征与寄托，也是文化认同的重要标志，这些传说与当地风物一一对应，不仅表达了人们对黄帝的缅怀和崇敬之情，也是北京地区悠久而丰富的历史见证。

1995 年轩辕庙重建后，每到农历三月三，越来越多的人前来祭拜，轩辕黄帝传说随之广为流传。

轩辕庙遗址汉阙

磨石口传说

遗产历史：700多年

入选情况：第三批北京市级非物质文化遗产名录（2009年）

申报地区或单位：北京市石景山区

磨石口位于北京市石景山区西北部，三面环山，且毗邻永定河，是京西古道上的重要村镇，今称模式口。磨石口传说是流传于这一地区与山川古道、百姓生活、村落民俗、宗教寺庙、宦官名人等相关的传说。

磨石口传说中有不少依托于当地的山川风物，最脍炙人口的就是磨石口来历的传说。

磨石口来历的传说

在北京还是苦海幽州的时候，磨石口这地方荒凉无人。后来，磨石口的山上盖了法海寺、承恩寺、慈祥庵 3 座寺庙，寺庙里有了和尚，磨石口才算有了人，但仍没有住户人家。

不知道又过了多少年，磨石口先后有了几户人家，他们是姓段的、姓章的、姓殷的、姓乔的 4 家住户。

这 4 家子人，日子过得很苦。没事的时候，大家都发愁，但想不出什么过上好日子的办法。

这一年，不知道从哪里飞来一只会说话的鸟，这只鸟飞着也叫，落在树上也叫，听着叫声像是在说“刨土，刨土，往下刨土”，这哪像鸟叫，简直跟人说话一样，一个字一个字听得

磨石口法海禅寺山门

清清楚楚。

人们不知道这只鸟为什么叫他们刨土，就在大伙儿猜不透这只鸟的叫声的时候，磨石口又出了一件新鲜事：磨石口算个人烟稀少的地方，自然没有念书的人，也就自然没有学堂了。居然有一天，磨石口来了一个串学堂的人。

说来这人也怪，他和别的串学堂的人不一样，不是来卖笔、墨、纸、砚，单单只卖墨。他天天来这 4 家家门口晃悠，不停地吆喝道："谁买我的墨，磨磨就能使，谁买我的墨，磨磨就能使。"

起初没人当回事，就听他吆喝挺好玩。可很快就有人发现：卖墨的人一吆喝，那只鸟就跟着叫"刨土，刨土，往下刨土"；卖墨的人不吆喝，鸟也不出声；卖墨的人紧着吆喝，鸟也不停地叫唤；卖墨的人慢声地吆喝，鸟的叫声也慢下来。

没有人往深处去想，村里的大人也不去打扰他。可小孩子们顽皮，他们更喜欢听鸟叫，就围着卖墨的人，让他吆喝。

卖墨的人就更起劲了，他大声地吆喝，鸟也跟着大声叫。渐渐地，大人们就烦了。只要卖墨的人一吆喝，便开始撵他走。

"你离开这里吧，我们这里没有人会写字，用不着你的墨！"卖墨的人也不生气，不紧不慢地说："磨磨可好使啦！买我的墨吧，磨磨可好使啦！"

这天，有一家的小孩从外面回来，手里拿着一块石头。

此时，他的妈妈正在磨刀，刀很钝，放在青石上磨，不出浆水，磨不快；她又放在虎皮石上磨，仍不出浆水。这时，她看到孩子手里拿着一块石头，就问石头是从哪里来的。小孩说是卖墨人的给的。

小孩子的妈妈接过石头，磨了磨刀，磨了磨剪子；刀快啦，剪子也快啦。她问孩子：“卖墨的人说这石头是哪儿来的了吗？”

孩子说：“他说是咱们村儿西头那个大坑里的，一刨就有，多着呢！”

孩子的妈妈把这话告诉了其他 3 家人，大家就开始琢磨这事，后来恍然大悟，他们想到了卖墨的人和会说话的鸟。

磨石口的人因此知道了开采磨刀石，然后他们就有了钱，不再穷了。随着日子慢慢好过起来，磨石口的住户也慢慢变多了，后来成了一个大村子。

只是那个卖墨的人和那只会说话的鸟都不见了。

磨石口传说的现状

特殊的地理位置成就了磨石口传说的多样性，人口的流动性则对传说的流传起到了重大作用，这也是磨石口一个小小的村镇能够流传下来众多传说的原因。经资料收集和百姓口头讲述采集，目前已整理磨石口传说百余篇，跨度七八百年。

当地还组织了民间文学宣传队，在百姓当中讲故事，并通过舞台表演和故事会等方式进行再创作，使这些传说得以更广泛的延续与传承。

京西民谣

遗产历史：700多年

入选情况：第四批北京市级非物质文化遗产代表性项目名录（2014年）

申报地区或单位：北京市石景山区

民谣是民间文学的一种，由人民大众在生产、生活中所创作，一般无曲、不唱，靠吟诵流传。

京西民谣是京西文化的典型代表之一，它主要产生和流传于北京西部地区，记录和反映了当地的自然历史变迁、大众生活与情感等内容，是人民大众在长期的生活和生产劳动中口头创作的一种民间文学，现代著名作家朱自清先生曾说："歌谣就是原始的诗。"

京西民谣是民众的心声，具有诗的属性，主题鲜明，想象丰富，语言凝练，形式短小精悍，节奏流畅明快，语言风趣幽默，朗朗上口，易于流传。

京西民谣一般只有二、四、六句，句式可长可短，合辙押韵。

"西山秃，大都出"是一句流传了700余年的民谣，高度

《京西民谣》雕塑

概括了元代建立都城时西山林木遭到大量砍伐的情景。

永定河流经此地，为这里提供了便利的水利资源。“永定河，水流长，卢沟桥北是家乡。家乡历史真悠久，村名就叫衙门口”，表达了人们对家乡的眷恋。

京西古道连接着塞外与京城，形成了独具特色的驼铃古道民谣，如反映驼户们辛劳的“拉骆驼的三件宝，长刀、酒葫芦、羊皮袄”。

此外，京西历史文化底蕴深厚，古村落、墓葬、寺庙及庙会众多，相关民谣也多，如边山府民谣：“一溜边山府，七十二座坟。京西多古墓，安息皆名人。”

京西民谣在北京民谣中占有重要的地位，其创作与民众社会生活密切相关。京西民谣传承历史悠久，一些明朝以来的民谣至今依旧在京西一带广泛流传。

京西民谣不仅包含对现实的归纳与评价，成为人们在艰苦生活中自娱自乐的调味剂，还承载着大众的价值取向与道德审美，其传诵过程具有教化作用，如“孝顺歌”“劝学歌”“戒赌谣”。此外还有大量反映工业建设和革命斗争的民谣，一些童谣亦包含在内。

同时，京西民谣又具有鲜明的地域特色，从不同角度展现了京西地区历史、地理、生产、生活、民俗、民情等方面的风貌，从中也体现了京西人民的思维观念、处世哲学、价值取向和艺术情趣。

京西民谣历史悠久，内容丰富，传承范围遍及京西地区，涵盖社会生活的各个方面，包括儿歌、劳动歌、时政歌、仪式歌、生活歌、风物歌、历史传说歌、谐趣歌、情歌和工业民谣等，在百姓中广为传诵，具有鲜明的时代色彩、地域特色，以及较高的历史文化价值和社会价值。现收集到的数百首京西民谣，为了解和研究京西民生民俗提供了有力佐证，是北京民间文学中不可多得的宝贵财富。

京西民谣的现状

目前收集整理的京西民谣约有500首。

如今的京西民谣由于时代的变迁以及人们生产、生活方式的转变，失去了其休闲娱乐功能，且数量与日俱减。当地已将京西民谣汇集出书，在继续收集新民谣的同时也将部分传统民谣进行改编与创作，使之得以更广泛的传播。

多年来，石景山区非常重视民谣的搜集、整理工作，组织专业人员和业余爱好者踏遍京西的山山水水，深入农村、厂矿，挖掘和搜集民谣，做了大量艰苦、细致的工作，使得民谣得到了及时的保护。

2014 年 12 月，京西民谣被列入第四批北京市级非物质文化遗产代表性项目名录。

潭柘寺传说

遗产历史：1700多年

入选情况：第四批北京市级非物质文化遗产代表性项目名录（2014年）

申报地区或单位：北京市门头沟区

潭柘寺始建于西晋永嘉元年（307年），皇家名刹，位于北京西部门头沟区东南部的潭柘山麓，距市中心30余千米。寺院坐北朝南，背倚宝珠峰。因寺后有龙潭，山上有柘树而

潭柘寺山门

得名。

民间一直流传着“先有潭柘寺，后有北京城”的说法。据说，明初重臣姚广孝就是仿照潭柘寺9座山门的“九门九关”样式设计的北京城。

潭柘寺是佛教传入北京地区后修建最早的一座寺庙，始创时规模不大，初名嘉福寺。

潭柘寺寺名由来的传说

关于潭柘寺寺名的由来，在很多门头沟的老人中流传着一个传说。

当年佛教高僧华严祖师居住在幽州城北，讲经布道，每每讲解，全城的人都来听，这样庭院就显得小了，常常挤不下。

一些信徒踊跃捐助，想帮他在幽州扩大讲所。

华严祖师就去找当时的幽州都督张仁愿，向他求建寺的地方。

张仁愿对华严祖师说：“你想要多少土地，地址选好了吗？”

华严祖师带张仁愿来到了潭柘山附近，指着西坡姜家和东沟刘家的土地。

张仁愿对华严祖师说：“这个地方有主了，我替你问问吧。我也不好擅自做主。”

张仁愿把这两位地主叫来，把华严祖师的意思讲了。这两位地主本不想给，但看在张仁愿的面子上又不好拒绝，便对华严祖师说：“你想要多少土地？不可太多，太多的话我们以后就没有饭吃了。”

华严祖师知道他们都是当地数一数二的大地主，良田无数，便取出盖自己蒲团的毯子对二人说：“不多不多，两位施主可否割这一毯之地与我？”

姜姓和刘姓地主一看只有这巴掌大的一块毯子，心想这才能有多大的地方呀，忙不迭地答应，并且请张仁愿做中间人。

华严祖师把手中布毯往空中一抛，只见布毯在空中越来越大，越来越大，且迟迟不落地，众人目瞪口呆，不一会儿，布毯已经大到遮天蔽日，两地主面如土色地喊：“够了，够了！请大师慈悲，不要让它再大了！”

华严祖师含笑看了二人一眼说“落”，毯子就落了下来。

毯子落下的地方，盖住了好几座大山。

于是华严祖师就在此地重建寺庙。

因寺院后山有两股泉水，一眼名为龙泉，一眼名为泓泉，两股泉水在后山的龙潭合流后，流经寺院，向南流去，不仅满足了寺院日常的生活用水，而且还可以灌溉附近大片的土地农田，故华严祖师命名此寺为“龙泉寺”。

但华严祖师以一毯之地建寺的大神通却广为流传，当地人都私下称此寺为“毯遮寺”。后经千年，“毯遮寺”逐渐演变为“潭柘寺”。

在潭柘寺香火鼎盛时期，北京流传着这样一句谚语，叫作

“潭柘寺有名的和尚三千六，没名的和尚数不清”。关于这句话的来历在民间流传着这样一个故事。

潭柘寺建好后，附近百姓都来这里烧香祈福，慢慢地寺里的香火旺盛起来，又引来更多更远的信徒前来膜拜。

乾隆皇帝是个闲不住的皇帝，他喜欢四处游玩，偶尔也到潭柘寺礼佛。因交通不便利，他还会在这里住上一两天。

有一天，乾隆皇帝高兴，他和寺里的方丈说想给寺里的僧人一点赏赐。方丈却说：“寺里僧侣有很多，如果您每人都赏，那太破费了。”

乾隆皇帝并没有把方丈的话当回事，心想：整个国家都是我的，单赏你们一个小小寺庙里的和尚能用多少钱呢。

方丈看皇上主意已定，便说：“请皇上赏每人一个铜钱吧”。

僧众听说皇帝要赏钱，便排好长队。接过铜钱的僧侣，就从山门出去。乾隆皇帝高高兴兴地发赏钱，开始还很高兴，可是渐渐地他就发现不对劲了。从早上一直发到太阳快要落山了，可是排队的人数却看不出减少，他有些发慌，因为带来的钱可能不够。但又不能中途变卦，只好偷偷命人回去调些钱。

方丈目睹这一切，走过来，对皇帝说：“请皇上移步，随老衲到后山一看。”

乾隆皇帝悻悻地随老方丈到了后山，放眼望去，眼前的一幕让他惊呆了：满山的大树，每个树梢上都挂着一枚铜钱，在夕阳余晖的映射下，它们随风飘荡，发出清脆的响声。

乾隆皇帝对方丈的法力赞赏不已，民间传说“潭柘寺的和尚数不清”就是这样来的。

潭柘寺的僧人到底有多少，没有人能弄得清楚，但可以确定的一点是，潭柘寺在鼎盛时期，僧人的确是非常多的。关于这一点我们可以从当年潭柘寺的和尚们做饭用的锅中寻找到证据。

在潭柘寺的天王殿前有一口大铜锅，是寺中的一宝。相传，用这口锅煮粥，无论来多少人总喝不完，于是有民谚说："潭柘寺的粥锅，添人不添米。"

据说，早年有一次潭柘寺开戒，前来受戒的和尚纷纷从各地带来一些粮食送入寺中。这一年天旱，四面八方的饥民看到每天有这么多和尚带粮食到潭柘寺,便都围在寺门外等待施粥。

到了开戒那天，寺内原有的和尚以及将要受戒的和尚，还有等待施粥的饥民，聚集了千百余人。寺内原来做饭常用的一口铜锅，一次能下 2 担米，但要给这么多人吃饭，就显得太小了。这时，方丈请人抬出寺内最大的一口锅，高有 6 尺，直径有丈余，一次煮粥能放米 10 担。这口铜锅支起来后，开始每天煮粥供给僧众。

潭柘寺舍粥的消息一传开，十里八乡的饥民纷纷前来讨粥喝。眼看着寺内的粮食不多了，但是戒期还未到，老方丈愁坏了，只好让和尚们每次少吃点，以求延缓些时日。然而，即使精打细算，到了戒期第 50 天还是断粮了，眼看着还有 3 天才结束戒期，粮食没了，如何度日？老方丈急得眼泪都要流出来了，没办法，他来到天王殿，跪在佛祖面前不停磕头，请佛祖帮忙想主意。

在天王殿里，养着 2 条青蛇，众僧分别叫它们大青和二青，大青长约 1 尺，二青长约 7 寸，平日里这 2 条蛇总是趴在供桌上，寺内的和尚对它们很尊敬。这天，老方丈来求佛，大青听他讲完后，冲他点点头，老方丈迷惑不解。过了一会儿，只见大青从供桌上下来，蹿到殿外。没多久，一个小和尚跑来天王殿，向老方丈报告发生了奇事，说："平日开饭，人光粥净，今日开饭，大伙吃完一看，锅里的粥还是满满的。"老方丈将信将疑，赶紧离开天王殿，到粥棚查看。

果不其然，粥锅里满满的，众僧和饥民也在议论纷纷，老方丈问大家是否吃饱了，大家都说吃得饱饱的。老方丈来到锅前，盛了一勺粥亲口一尝，味道奇香。

就这样，这锅香粥一直喝了 3 天，到受戒期满锅里的粥才被喝光，锅底露出一小堆骨头。老方丈一看，大叫一声"不好"，扭身快步奔向天王殿，原来他想起了大青。他来到殿前供桌上，大青踪影全无，只见二青在落泪。老方丈长叹一声："罢了，大青准是为救大家跳粥锅了！"从此，这口粥锅便成了潭柘寺的一宝。

潭柘寺传说的现状

潭柘寺传说流传下来较完整的有 30 篇，有的人只能讲出一两个，有的人只是记住了几句民谚，却说不清楚故事的由来。这些传说中宣传惩恶扬善、颂扬济世救人、鞭挞不良之风的内容，在今天看来仍然有积极意义。

历史上的潭柘寺在宗教、政治、经济、文化等诸多领域都有着重要地位，有“京都第一寺”之称。

时至今日，潭柘寺仍是北京文化的重要名片。

参考资料

[1] 北京非物质文化遗产保护中心，北京汉声文化创意有限公司. 北京非物质文化遗产图典[M]. 北京：北京美术摄影出版社，2018.

[2] 杨建业. 前门传说 [M]. 北京：北京美术摄影出版社，2012.

[3] 李铁成. 曹雪芹西山传说 [M]. 北京：中华书局，2009.

[4] 陈宇. 卢沟桥传说 [M]. 北京：北京美术摄影出版社，2017.

[5] 李俊玲.天坛传说 [M]. 北京：北京美术摄影出版社，2012.

[6] 杨金凤.八大处传说 [M]. 北京：北京美术摄影出版社，2015.

[7] 彭哲愚，张宝章. 颐和园圆明园的传说 [M]. 石家庄：河北少年儿童出版社，1985.

[8] 高雪松. 杨家将（穆桂英）传说 [M]. 北京：北京美术摄影出版社，2015.

[9] 杨金凤.京西民谣 [M]. 北京：北京美术摄影出版社，2016.

[10] 池尚明. 北京非物质文化遗产传承人口述史：八达岭长城传说 [M]. 北京：知识产权出版社，2018.